游戏中的科学

揭开科学的神秘面纱

闻 达 ◎ 主编

河北出版传媒集团
河北人民出版社
·石家庄·

图书在版编目（CIP）数据

游戏中的科学.1,揭开科学的神秘面纱/闻达主编.-- 石家庄：河北人民出版社，2021.10
 ISBN 978-7-202-15721-3

Ⅰ.①游… Ⅱ.①闻… Ⅲ.①科学知识—青少年读物 Ⅳ.① Z228.2

中国版本图书馆 CIP 数据核字 (2021) 第 199846 号

书　　名	游戏中的科学（全3册）
主　　编	闻　达
责任编辑	王云弟　刘大伟
美术编辑	于艳红
封面设计	天下书装
责任校对	付敬华
出版发行	河北出版传媒集团　河北人民出版社 （石家庄市友谊北大街330号）
印　　刷	永清县晔盛亚胶印有限公司
开　　本	710毫米×1000毫米　1/16
字　　数	212 000
印　　张	21
版　　次	2021年10月第1版　2021年10月第1次印刷
书　　号	ISBN 978-7-202-15721-3
定　　价	105.00元（全3册）

版权所有　翻印必究

前言

科学和游戏密不可分，许多伟大的科学发现就是从游戏中诞生的。牛顿通过玩三棱镜创立了光谱学；门捷列夫用一副扑克牌发现了自然界各种物质间的关系，创立了元素周期表；雷内克从敲木头中得到启发从而发明了听诊器……可以说游戏激发了人们的创新思维和创造力。对于孩子们来说，游戏是学习，是劳动，是行之有效的教育方式。通过游戏，孩子们不仅能将课堂上学到的知识加以实践，学以致用，还能提高自己的认知能力，增强学习兴趣，玩出好成绩，玩出好思维。

科学并没有我们想象的那样难懂和枯燥，它就在我们的身边：它是树上落下的苹果，它是我们看书时戴的眼镜，它还随着空中飘落的雪花一起飞舞……只要我们参与到有趣的科学游戏中，就会发现心中很多的疑惑将得到解答：树上的苹果为什么会向下落？近视眼为什么戴上眼镜就能看清楚远处的物体？空气的重量是怎样测量的？……在奇妙的游戏世界中，你将学到丰富多彩的科学知识，发现其中的科学奥秘。

《游戏中的科学》是一本为广大青少年读者精心编撰的科学游戏书，本书精选了162个有趣的科学小游戏，内容涉及数学、物理、化学、天文、地理、生物等各领域。为了培养实际动手能力，每个游戏都设有"实验百宝箱""趣味游戏步骤"；为使读者更全面深入地理解每个小游戏的科学原理和相关知识，书中还特设了"科学家告诉你"和"科学在你身边"等知识链接，生动地向读者阐释科学原理的细节及应用。同时，书中还为每个游戏提供了详尽的说明和图解，方便读者发现身

边的科学现象,在游戏中走近科学。这些游戏能够帮助读者解开自然科学的秘密,了解自然科学的规律。书中的这些有趣的小游戏操作起来都比较容易,实验所用的材料和工具就在我们的身边。

这些妙趣横生的小游戏看似简单,其中却隐藏着深奥的科学原理,不但可以帮助青少年学习科学知识,激发对科学的巨大兴趣,也可以开阔眼界。本书还是家庭关系的黏合剂、老师的好帮手,家长和老师可以通过书中设计的实验步骤,帮助孩子一起做游戏,分享快乐,成为孩子生活和学习的得力伙伴。

游戏令人快乐,科学使人智慧。在游戏中亲历科学,感受自然奥秘的乐趣。这是一本令广大青少年着迷的科学魔法书,通过一个个精彩有趣又极富创意的游戏,将原本晦涩难懂的科学原理加以形象演绎,从而引领读者走进科学殿堂,揭开科学的神秘面纱,开始一段奇妙的科学探索之旅。

目录

一 无处不在的光与电

调羹变短了 \ 2
黑蛋变银蛋 \ 4
神奇的魔镜 \ 6
胳膊上写字 \ 8
三色陀螺 \ 10
让画颠倒的汤匙 \ 12
用指甲油看光谱 \ 14
水流点灯 \ 16
小灯泡亮了 \ 18
改变水流方向 \ 20
会跳舞的魔力小球 \ 22
梳子牵球 \ 24
集体舞表演 \ 26
"分分合合"的气球 \ 28
光的直线传播 \ 30
挡住光线 \ 32
物体的透光性 \ 34
闪亮的白纸 \ 36
真实的反射 \ 38
被"吃"掉的光线 \ 40
镜子为什么能成像 \ 42
用太阳光来加热 \ 44
确定电性 \ 46
制作验电器 \ 48
人造闪电 \ 50
连续的线路 \ 52
电导体 \ 54
水的导电性 \ 56
神秘的电灯 \ 58
会"跳舞"的小白兔 \ 60
会放电的糖 \ 62
会导电的铅笔 \ 64

二 无处不在的空气

在水中保持干燥 \ 66
称量空气 \ 68

房间里的空气重量 \ 70

空气中无形的力 \ 72

空气使水上升 \ 74

比水更强大的力量 \ 76

气压痕迹 \ 78

挤压空气 \ 80

"喷气式"气球 \ 82

空气的加热与冷却 \ 84

神奇的玻璃杯 \ 86

螺旋 \ 88

空气循环 \ 90

保存热量 \ 92

被挤压的塑料瓶 \ 94

空气的推力 \ 96

用棉线切割玻璃 \ 98

声音也能吹蜡烛 \ 100

鸡蛋"冒汗" \ 102

三 与生活息息相关的水

水往高处流 \ 104

水中绽放的纸花 \ 106

水的重量 \ 108

简易喷泉 \ 110

水和热量 \ 112

水上漂浮 \ 114

隔水膜 \ 116

水中的小孔 \ 118

肥皂船 \ 120

同心半球 \ 122

蹦蹦跳跳的泡泡 \ 124

软硬不同的土豆片 \ 126

水滴也会"走"钢丝 \ 128

不能吹泡泡的肥皂水 \ 130

一

无处不在的光与电

在我们的生活中，无处不在的东西要数光和电了，光和电是我们现代生活不可缺少的一部分。它们不仅可以带给我们光明，而且影响着社会发展的每一个环节。下面的趣味游戏实验，将会使我们对光和电有更深入的了解。

调羹变短了

实验百宝箱　　1只水桶　　1把调羹　　水

趣味游戏步骤

① 将一只水桶装满水。

② 平行看水桶水面，将调羹垂直插入水中。水中的调羹一下子就变短了。

科学告诉你

　　这是因为被插入水中的调羹所反射的光线，不是以直线的方式进入眼帘的。光线在水面上被折射成一个角度，所以看到的调羹尖端比实际更为靠上。水由于光的折射，看起来比实际深度浅很多。

科学在你身边

水中的鱼

　　我们很清楚地看见鱼在水中游动，当你拿叉子去叉它的时候往往又叉不到，只有瞄准鱼的下方才能把鱼叉到。这也是光线在水中折射的原因。

黑蛋变银蛋

实验百宝箱　1个熟鸡蛋　　1支蜡烛　　1根筷子
　　　　　　　1个玻璃杯　　火柴或打火机

趣味游戏步骤

❶ 用火柴点燃蜡烛。
❷ 将筷子插入鸡蛋里,放在蜡烛火焰上烧,你会发现鸡蛋慢慢被熏成黑蛋了。

❸ 用杯子装半杯水。
❹ 把鸡蛋放在有水的杯子里,你会发现鸡蛋的下半部分变成银色的啦!

科学告诉你

煤烟色鸡蛋的表面和水不能调和。就是说，鸡蛋的颜色经过蜡烛的火焰熏后，从下面看与水面是一样的。但光线从侧面经过鸡蛋的煤烟色后，经过全反射，看上去鸡蛋就是银色的了。这是光线经过全反射起的作用。

科学在你身边

全反射

在游泳时，当一个人在水面下睁开眼睛的时候，可以观察到全反射。如果水是平静的，它的表面就像镜子一样。钻石通常也是这样的，当折射角等于90°时的入射角称为临界角。一旦入射角大于临界角，光线就不再折射，而全部反射，因此钻石亮光闪闪。

为什么看不见水面上的事物？

神奇的魔镜

实验百宝箱　　1个闹钟　　2面镜子　　1张桌子

趣味游戏步骤

❶ 将闹钟放在桌面上，用一面镜子去照闹钟，结果镜子里出现一个相反的闹钟。

❷ 把另一面镜子放在桌面上，使其与第一面镜子成直角，你会看见镜子里面的闹钟是正面的。

科学告诉你

我们之所以能看清东西，是因为物体表面反射的光线被你的视觉神经接收了。我们在镜子中看到影像也是这个道理。如果把两面镜子以成直角的方式立在桌面上，这样，光线就成直角反射，两次反射后便得到正面的影像。

科学在你身边

变色玻璃

变色玻璃是运用了太阳光的反射原理，使人们在室内看外面很清楚，而室外的人却看不清楚室内。

胳膊上写字

实验百宝箱
1 瓶含荧光剂的无色清洁剂
1 台紫外线灯
1 包棉签

趣味游戏步骤

① 用棉签蘸着清洁剂在左胳膊上写上几个字。
② 等它干了后,什么也看不见了,什么也没有了。

③ 打开紫外线灯,把写有字的左胳膊放在紫外线灯下,你会发现在左胳膊上看到了你写的字。

科学告诉你

大部分清洁剂含有一种叫做荧光剂的化学物质，这种物质看起来很暗，但其中包含一种看不见的光线——紫外线。它照射在荧光材料上时，就会变成可见光。所以胳膊上的字在白光下看不出来，但因为里面含有荧光剂，被紫外线灯一照，就"原形毕露"，字迹也就看出来了。

科学在你身边

紫外线对人体的保健作用

波长在280—320纳米的日波紫外线照射人体后，能引起皮肤肌体的光化学过程和光电反应，使皮肤产生许多活性物质，从而起到健康保健的作用。目前采用紫外线照射调节高级神经的功能、改善睡眠、降低血压。经常接受紫外线照射能加强白血球的吞噬能力，增强人的免疫功能。

三色陀螺

实验百宝箱 红、绿、蓝色手工纸板各 1 张
1 根火柴棒　　1 把锥子

趣味游戏步骤

❶ 把红、绿、蓝色手工纸板剪成圆形，中心用锥子扎一个小孔（⚠ 注意：不要大过火柴棒的直径），然后在离中心点 5 毫米处各剪去一角。

❷ 把三张纸板交错插进火柴棒，转动它。

❸ 你还可以调整红、绿、蓝三种纸板的角度，看看又有什么有趣的现象发生。

❹ 调配三色板上红、绿、蓝三种色的比例，每改变一次，让陀螺旋转一下，就可以得到不同的色彩。当陀螺旋转的时候，由于人眼视觉暂留的作用，你将分辨不出各自的颜色，所看到的只是它们的混合色。另外，调整三张纸板，使露出的红、绿、蓝三个部分相等。当陀螺旋转时，你看到的将是白色。

科学告诉你

通过上面的实验我们可以知道，自然界中的各种颜色都可以利用红、绿、蓝三种色光按照不同的比例混合而产生。因此红、绿、蓝三色被称为三原色。自然界中的各种颜色，都可以分解成红、绿、蓝三原色。

（⚠ 注意：本实验需要成人协助）

科学在你身边

彩色电视机

彩色电视机就是利用三原色色光来合成彩色的。电视机上相邻的发光点挨得很近，距离只有针尖那么大，不用放大镜是看不出来的。当它们同时发出强弱不同的红、绿、蓝光时，人眼分辨不出每个发光点发出来的色光，看到的只是它们的混合色光，因而屏幕上呈现出各种各样的颜色。

让画颠倒的汤匙

实验百宝箱
1张白纸　　1支画笔　　1把汤匙

趣味游戏步骤

❶ 在一张白纸上画一座房子，把汤匙凹面放在画前，你发现从汤匙的凹面中看到的房子是倒的。

❷ 将画放在汤匙凸面的前方，你会发现颠倒的房子又被正过来了。这是为什么呢？

科学告诉你

汤匙成像就跟我们平常所说的凹凸镜成像是一样的。当从汤匙的凹面看画中的房子时，由于凹面并不是平面，光线反射的时候并不是平行光线，房子发出的光会被汇聚，

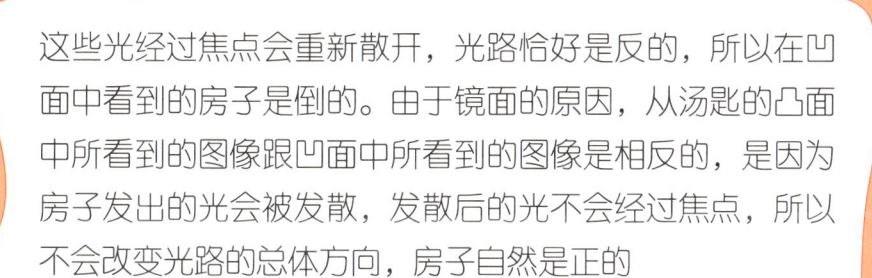

这些光经过焦点会重新散开，光路恰好是反的，所以在凹面中看到的房子是倒的。由于镜面的原因，从汤匙的凸面中所看到的图像跟凹面中所看到的图像是相反的，是因为房子发出的光会被发散，发散后的光不会经过焦点，所以不会改变光路的总体方向，房子自然是正的

科学在你身边

眼镜

　　眼镜是镶嵌在框架内的透镜镜片，戴在眼睛前方，以改善视力、保护眼睛或作装饰用途。眼镜可矫正多种视力问题，包括近视、远视、散光、老花或斜视、弱视等。1268年，罗吉尔·培根最早记录了用于光学目的的透镜。与此同时，将透镜装入框中的放大透镜用于阅读已经在欧洲和中国出现了。关于眼镜是从欧洲传入中国还是从中国传入欧洲一直存在着争论。

用指甲油看光谱

实验百宝箱　1 瓶指甲油　　1 碗水

趣味游戏步骤

❶ 将一碗水放在太阳斜照的位置上。

❷ 滴两滴指甲油在碗里的水面上。
❸ 从不同角度观察水面，发现水面漂浮指甲油的位置，浮现出彩虹般的颜色。

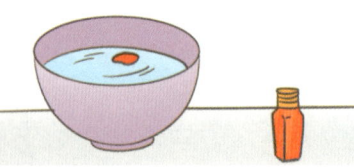

科学告诉你

指甲油滴入水中以后，会形成一层薄膜，当太阳光遇到这层薄膜的时候，一部分光线会从薄膜表面直接反射回来，另外一部分光线会透过薄膜表面，从薄膜底层反射回来。从薄膜表面反射出来的光线和从薄膜底层反射过来的光线发生重叠，我们于是看到了不同的颜色。这种彩虹般的颜色我们称之为"光谱"。

科学在你身边

光谱

光谱是复色光经过色散系统（如棱镜、光栅）分光后，被色散开的单色光按波长（或频率）大小而依次排列的图案。光波是由原子内部运动的电子产生的。各种物质的原子内部电子的运动情况不同，所以它们发射的光波也不同。研究不同物质的发光和吸收光的情况，有重要的理论和实际意义，已成为一门专门的学科——光谱学。

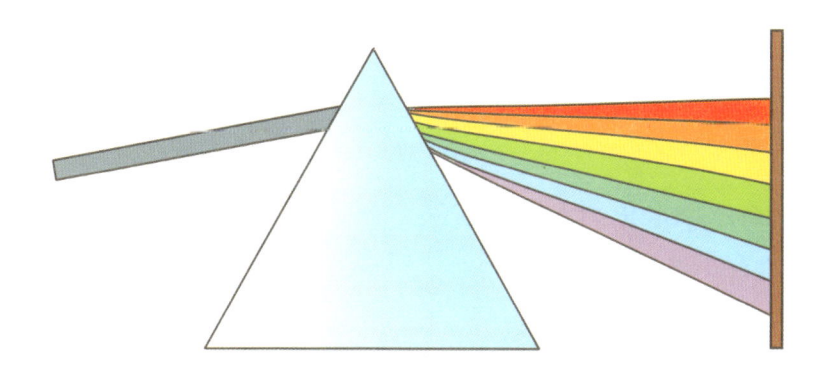

水流点灯

实验百宝箱　1 杯纯净水　　食盐　　　1 个小灯泡
　　　　　　　1 节电池　　　3 根导线　1 把小勺

趣味游戏步骤

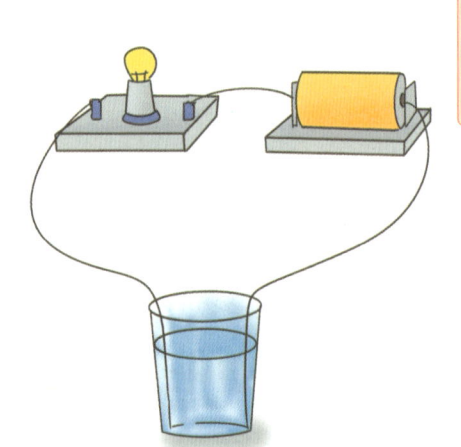

❶ 用三根导线接好灯泡和电池，然后把导线的两端放入装有纯净水的杯子中，此时，灯泡没有亮。

❷ 向纯净水中加入一勺食盐并搅拌均匀。这时，你会看到，小灯泡开始发出微弱的光。

科学告诉你

纯净水中没有杂质，是不导电的，电路不通，所以灯泡不会亮。纯净水中一旦溶解了食盐，溶液就能导电了，电路因此形成了一个回路，所以灯泡亮了。

科学在你身边

橡胶

橡胶是指具有可逆形变的高弹性聚合物材料，在室温下富有弹性，在很小的外力作用下能产生较大形变，除去外力后能恢复原状。早期的橡胶是取自橡胶树、橡胶草等植物的胶乳，加工后制成的具有弹性、绝缘性、不透水和空气的材料。橡胶分为天然橡胶与合成橡胶。因为橡胶具有很好的绝缘性，在日常生活中被广泛应用于各行各业。

小灯泡亮了

实验百宝箱　1 节电池　　　1 个接线夹　　1 把钳子
　　　　　　　1 根绝缘接线　1 个带有灯座的小灯泡

趣味游戏步骤

① 用钳子将绝缘接线剪成两段，每一段大约长 25 厘米。

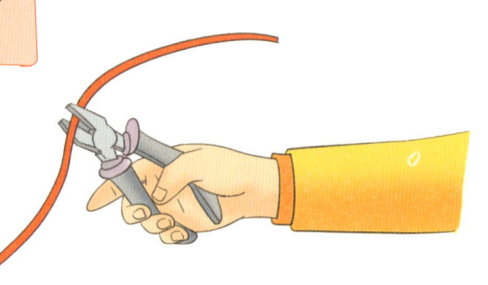

② 用接线夹将两根接线与电池和灯座连接起来。这时，小灯泡亮了。

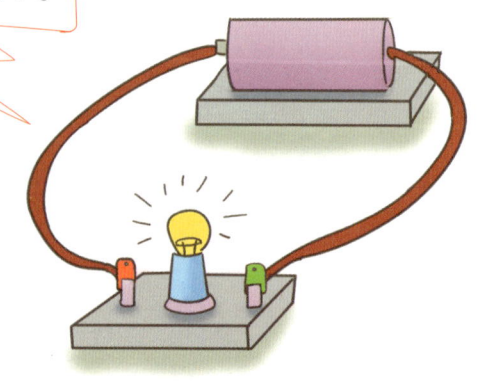

科学告诉你

小灯泡亮了，是因为电路接通了。电流通过一段连接线从电池正极流到了小灯泡内，再通过另一段连接线从灯泡流回电池负极，这就形成了一个完整的闭合回路，所以小灯泡亮了。

科学在你身边

电流

学上把单位时间里通过导体任一横截面的电量叫做电流强度，简称电流。通常用字母I表示，它的单位是安培（安德烈·玛丽·安培，1775—1836年，法国物理学家、化学家。他在电磁作用方面的研究成就卓著，对数学和物理也有贡献。电流的国际单位安培即以其姓氏命名），简称"安"，符号"A"，也是指电荷在导体中的定向移动。

改变水流方向

实验百宝箱　1 只气球　　　1 根细线　　　1 条毛巾
　　　　　　　1 个气球打气筒　有水龙头的水池

趣味游戏步骤

❶ 将气球充上气，并把口扎紧，然后拿着气球在毛巾上摩擦。

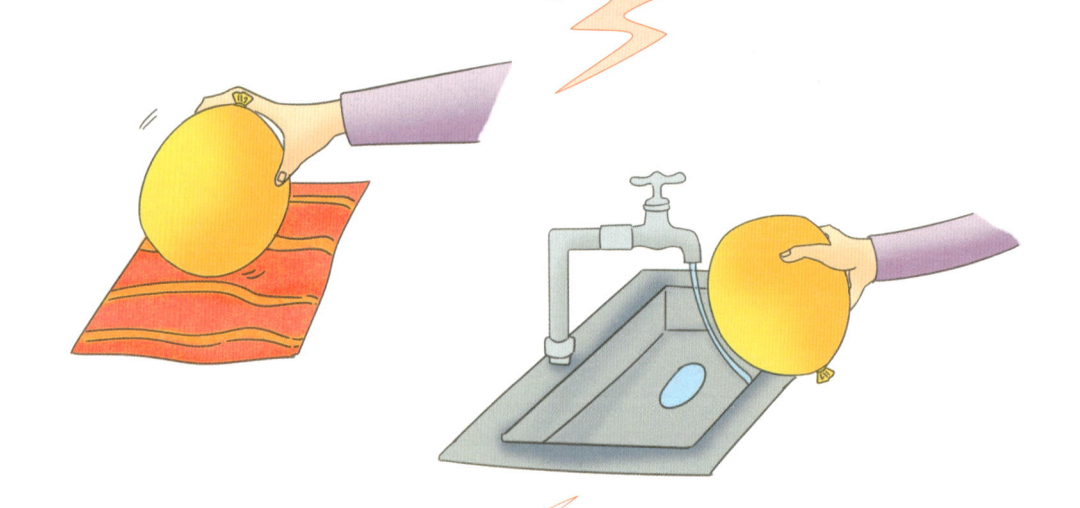

❷ 轻轻将水龙头拧开一点，将气球靠近从水龙头里流出来的细水流。

❸ 你会看到，水流不再像平时那样垂直流下，而是向着气球的方向略微倾斜了。

科学告诉你

气球在毛巾上摩擦，产生了静电。气球上的静电会吸引细水流，所以，水流便向着气球的方向弯曲了。

科学在你身边

静电除尘

静电除尘是气体除尘方法的一种。含尘气体经过高压静电场时被电分离，尘粒与负离子结合带上负电后，趋向阳极表面放电而沉积。在冶金、化学等工业中用以净化气体或回收有用尘粒。

尘粒带负电吸收到正极

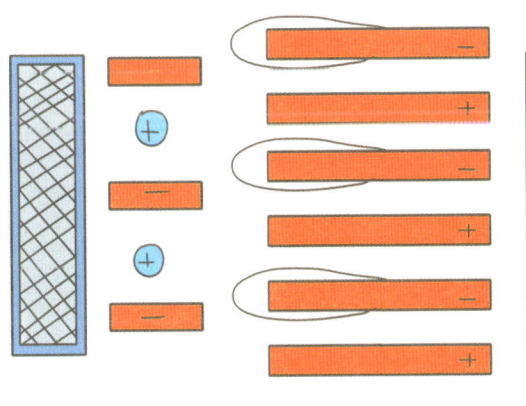

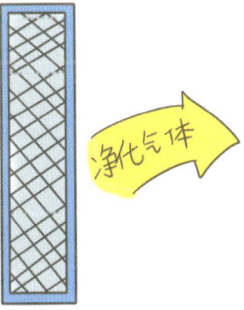

含尘气体 → 净化气体

一、无处不在的光与电

会跳舞的魔力小球

实验百宝箱

1只气球　　　　1根细线　　　1条毛巾
1个气球打气筒　有水龙头的水池

趣味游戏步骤

❶ 将塑料小球用棉线拴好。

❷ 打开电视机,将小球靠近电视机屏幕。
❸ 过一会儿,小球先是被吸到了屏幕上,接着,小球又跳离了屏幕。

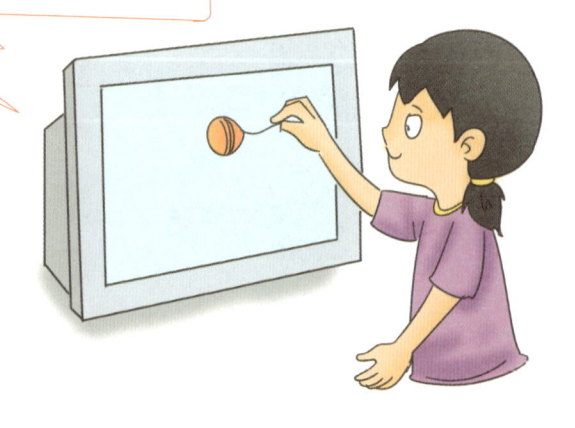

科学告诉你

能够发生上面奇特的现象是因为带电物体能够吸引轻小物体。当电视机开着时,它的荧光屏表面带有静电,小球没有带电,会被屏幕吸过去。然而,当小球与屏幕接触后,由于电荷的转移,小球就带上了与电视屏幕相同的电荷。由于同种电荷相互排斥,所以小球又跳离了屏幕。

科学在你身边

油罐车上的铁链条

我们都知道油罐车上一般都装有一条铁链拖在地上,这都是为了行车安全。汽车在路上奔跑,轮胎与地面摩擦会产生静电,积聚到一定量后,会放电产生火花,引起燃油着火爆炸。油罐车在地上拖着一条铁链,会让产生的静电及时消除,起到与避雷针相同的效果。

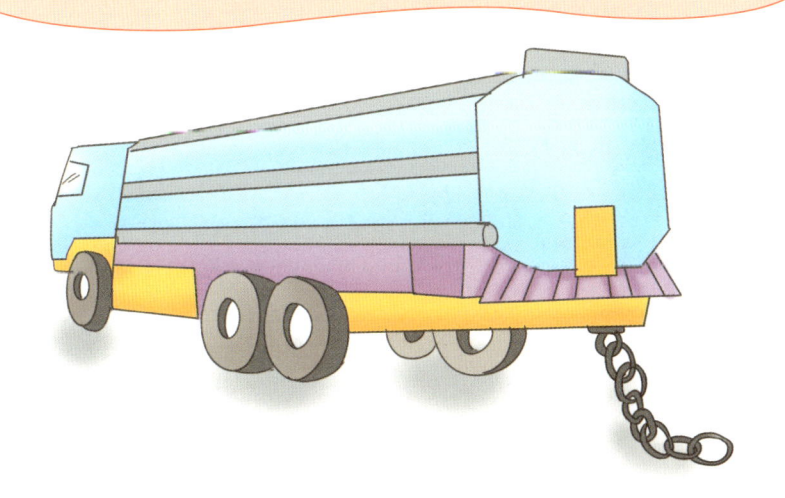

梳子牵球

实验百宝箱　　1把塑料梳子　　1个乒乓球　　1块毛料布

趣味游戏步骤

❶ 选择一个干燥的天气，比如冬天在通有暖气的室内做这个实验，效果会比较明显。

❷ 找一个乒乓球，把它放在平稳光滑的桌面上，确保乒乓球能够在桌面上自由地滚动。

❸ 用塑料梳子迅速地在毛料布上来回摩擦，使它带上电。

❹ 把梳子拿到乒乓球附近，你会发现，乒乓球"主动"朝梳子滚过去了！如果移动梳子的话，你又会发现，乒乓球像小狗一样，跟着梳子跑来跑去！

科学告诉你

梳子与毛料布摩擦后,其表面就带上了多余的负电荷。当它靠近乒乓球时,由于静电感应,就会使乒乓球的表面带上多余的正电荷。异种电荷相吸引,再加上乒乓球自身又很轻,所以乒乓球便向着梳子滚动过去了。移动梳子时,由于梳子与乒乓球的这种"互相吸引"不会立即消失,所以乒乓球便会像小狗一样跟着梳子跑来跑去。

科学在你身边

电荷守恒定律

电荷守恒定律是物理学的基本定律之一。它指出,对于一个孤立系统,不论发生什么变化,其中所有电荷的代数和永远保持不变。电荷守恒定律表明,如果某一区域中的电荷增加或减少了,那么必定有等量的电荷进入或离开该区域;如果在一个物理过程中产生或消失了某种电荷,那么必定有等量的异种电荷同时产生或消失。

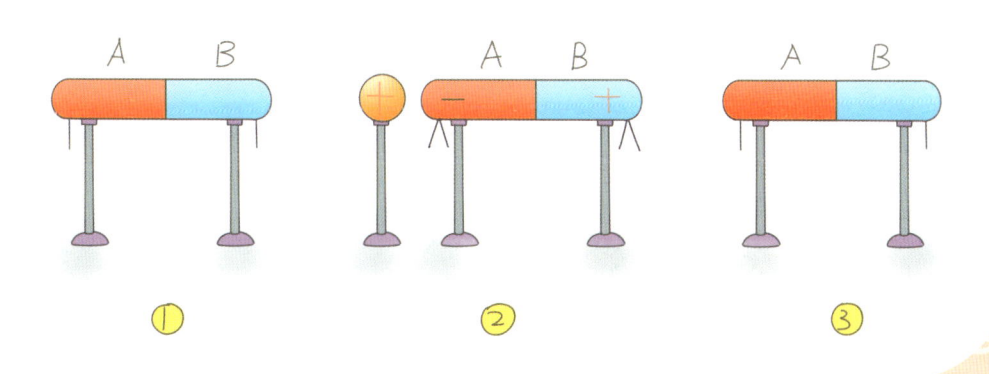

① ② ③

集体舞表演

实验百宝箱

1 块金属板　　　　　1 张塑料唱片
包装用的泡沫塑料颗粒　1 块羊毛织物

趣味游戏步骤

❶ 在一块金属板上撒上包装用的泡沫塑料颗粒。

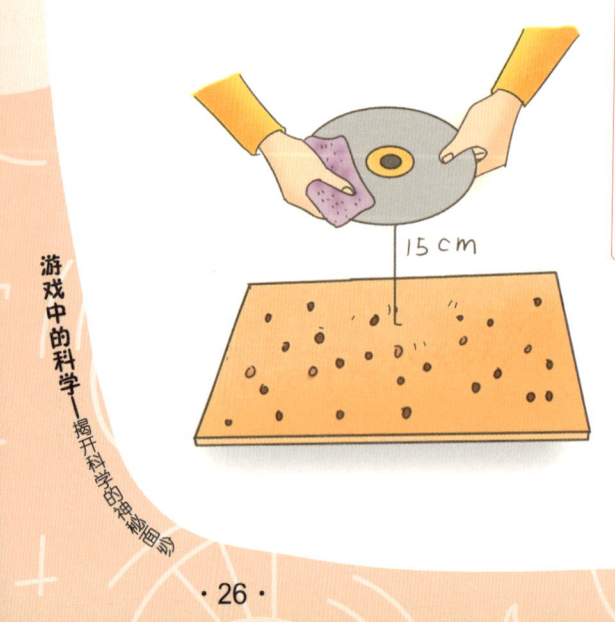

❷ 把一张塑料唱片放在金属板上面 15 厘米处。

❸ 用一块羊毛织物在唱片顶面摩擦，你会发现散碎的颗粒会随着摩擦纷纷竖立起舞。

科学告诉你

唱片被羊毛织物摩擦而带负电荷，这些电荷又由静电感应使塑料颗粒带上正电荷，正负电荷互相吸引使塑料颗粒跳动。如果用短绒毛代替塑料颗粒，用织物或纸代替唱片，并在上面涂上一层胶，使绒毛受静电作用竖立着粘在胶面上，这就是纺织或造纸工业上"静电植绒"的工艺了。

科学在你身边

静电消除器

静电消除器也可以叫除静电设备，其原理是：它由高压电源产生器和放电极（一般做成离子针）组成，通过尖端高压电晕放电把空气电离为大量正负离子，然后用风把大量正负离子吹到物体表面以中和静电，或者直接把静电消除器靠近物体的表面而中和静电。静电消除器主要运用于工业生产，属于电子产品系列。

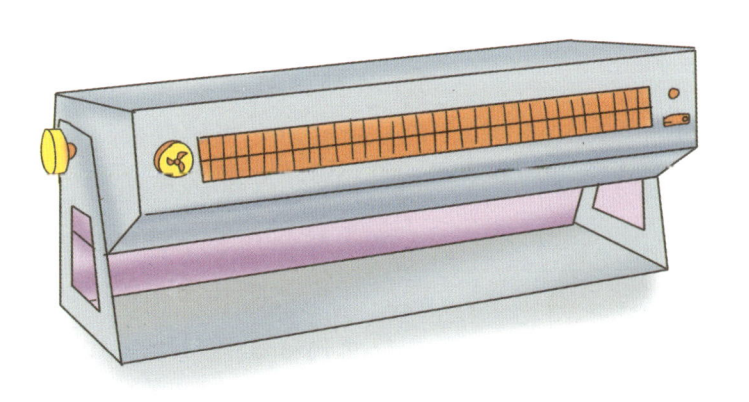

"分分合合"的气球

实验百宝箱　2只气球　1根线绳　1张硬纸板

趣味游戏步骤

❶ 将两只气球分别吹好气，并将吹气口扎好系紧。
❷ 用线将两只气球连接起来。

❸ 将气球在头发（或者羊毛衫）上摩擦。
❹ 将连接两只气球的线从中间提起。观察所发生的现象。
❺ 将硬纸板隔在两只气球的中间。观察所发生的现象。
❻ 当提起线绳的中间时，两只气球立刻分开了。将硬纸板放在两只气球之间时，气球上的静电又使它们被吸引到纸板上。

科学告诉你

当气球经过摩擦以后，会产生相同的电荷，所以，当它们被提起来时，由于同种电荷相斥，它们便会"自行分开"。而当插入纸板后，由于纸板所带的电荷与气球相反，两个气球便被吸引到纸板上了。

科学在你身边

电荷耦合器件

电荷耦合器件是一种用于探测光的硅片，由时钟脉冲电压来产生和控制半导体势阱的变化，实现存储和传递电荷信息的固态电子器件。电荷耦合器件由间隔极小的金属—氧化物—半导体电容器阵列和适当的输入、输出电路构成，常见的结构有表面沟道、体沟道和蠕动型等。电荷耦合器件主要应用于固态成像、信号处理和大容量存储器三个方面，在遥感、雷达、通信、电子计算机、电视摄像等领域具有重要应用。

光的直线传播

实验百宝箱　2张正方形纸板　　1支手电筒
　　　　　　　　2张长方形纸板　　几本书

趣味游戏步骤

❶ 分别在两张正方形纸板的中心钻一个孔。

❷ 如图中所示，折叠长方形纸板并在长方形纸板上剪口来支撑正方形纸板。把正方形纸板竖立起来，并使两个小孔对齐。把手电筒放在书上，使手电光对准第一张正方形纸板上的小孔。你可以蹲下或坐下，以使你的视线与第二张纸板的小孔平齐，你可以看到光线穿过了两个小孔。

❸ 移动一张纸板，使两张纸板不再对齐，你看不到光线了。

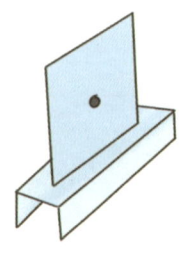

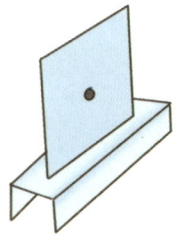

科学告诉你

光沿直线传播。如果光找不到传播路径的终点，就无法穿过那个小孔。

科学在你身边

日食

日食，又叫做日蚀，在月球运行至太阳与地球之间时发生。这时对地球上的部分地区来说，月球位于太阳前方，因此来自太阳的部分或全部光线被挡住，因此看起来好像是太阳的一部分或全部消失了。

挡住光线

实验百宝箱　1支手电筒　　1盏台灯　　1张黑色的卡片
　　　　　　　1把剪刀　　　1卷胶带　　1根小棍子

趣味游戏步骤

❶ 把黑色的卡片剪成你喜欢的任意形状，然后用胶带把它粘在小棍子上。

❷ 把卡片举着放在手电光和墙壁之间。

❸ 首先把卡片靠近手电光，然后使它向墙壁靠近，你会发现卡片离手电筒越近，墙上的影子越大；卡片离手电筒越远，墙上的影子越小。

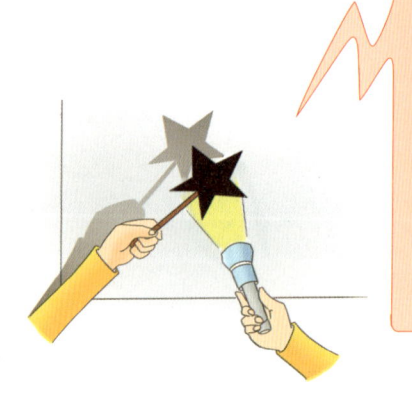

❹ 打开台灯，使光线照在卡片上，你会发现与开始相比，影子的轮廓变得更加模糊。

科学告诉你

一个物体阻挡了光线直线传播的路径，就会在那个物体的后面形成一个影子。物体离光源越近，它阻挡的光线就越多，因此它的影子也就越大。相反，如果物体离光源越远，它阻挡的光线就越少，那么它的影子也就越小。当光源比物体大的时候，形成的影子中间黑、四周淡，因为只有部分光线能够到达四周。影子里最黑的部分叫做本影，而较淡的部分则叫做半影。

科学在你身边

月食

当月球运行至地球的阴影部分时，在月球和地球之间的地区会因为太阳光被地球所遮蔽，就看到月球缺了一块。此时的太阳、地球、月球恰好（或几乎）在同一条直线上。

物体的透光性

实验百宝箱　1 张白纸　　几滴油
　　　　　　　1 个吸管　　1 支手电筒

趣味游戏步骤

❶ 用吸管在纸上滴几滴油。

❷ 把纸放在手电筒和墙壁之间。
❸ 打开手电筒,照射纸上有油的区域。
❹ 你会发现当你把手电照射在有油的区域时,光线穿透这个区域,并照射在墙上,该区域比其他部分更明亮。

科学告诉你

纸阻挡了大部分的手电光。油穿透了纸的纤维，造成了一些透明的（可看透的）小缝隙，让光线能够通过。但是如果用水，情况就不一样了，因为水很难穿透多数纸的纤维。

科学在你身边

透过一些物质看到东西

人的眼睛可以看见被光线照亮的物体。如果在眼睛和被光线照亮的物体之间有透明的物体，比如说，一块玻璃或者一个橱窗，甚至是少量的水，我们都可以很清晰地看到那个物体。但是，光线能否通过或者是否被阻挡并不仅仅取决于该物体的类型，同时还取决于该物体的厚度。举例来说，海水在一定深度上是不透明的——就算海水表面有阳光照射。同样的道理，厚度仅为几毫米的玻璃是透明的，但是几米厚的玻璃就不透明了。

半透明的物体只让一定数量的光线通过，让我们只能模糊地看到物体的轮廓。比如说，透过薄窗帘或者纸，我们只能看到物体很模糊的形状。

闪亮的白纸

实验百宝箱

1 张白色的纸　　1 张黑色的纸
1 支手电筒　　　1 面镜子

趣味游戏步骤

❶ 在黑暗的房间中，打开手电筒，站在镜子前。

❷ 把手电筒举到你的脸部侧面，使手电光线照射在你的鼻子上。

❸ 用另一只手举起黑纸在脸的另一侧，然后再举起白纸。在这个过程中要一直看着镜子。

❹ 如果只用手电筒，手电光只能照亮你的鼻子。而加上黑纸的话，你的脸部反射几乎完全模糊。如果用白纸的话，那么你的整个脸部几乎都被照亮了。

科学告诉你

只用手电筒的时候，光线只从它所碰到的物体——你的鼻子反射回来。而有了纸的帮助，反射的效果则取决于纸的颜色：黑色的纸几乎不反射照在自己上面的光线，而白色的纸则反射大量的光线。因此，照在白纸上的光线被反射回到脸部，把整个脸几乎都照亮了。

科学在你身边

透光镜

说到反射，不能不介绍一下中国古代一种奇妙的镜子，那就是"透光镜"。"透光镜"的外形跟古代的普通铜镜一模一样，也是金属铸成的，背后有图案文字，反射面磨得很光亮，可以照人。按理说，以一束光线照到镜面，反射后投到墙壁上，应当是一个平淡无奇的圆形光亮区。奇妙的是，在这个光亮区竟出现了镜背面上的图案文字，好像是"透"过来似的，故称"透光镜"。

真实的反射

实验百宝箱 1 张硬的黑色纸板 1 面正方形或长方形的镜子
1 把剪刀   1 支手电筒

趣味游戏步骤

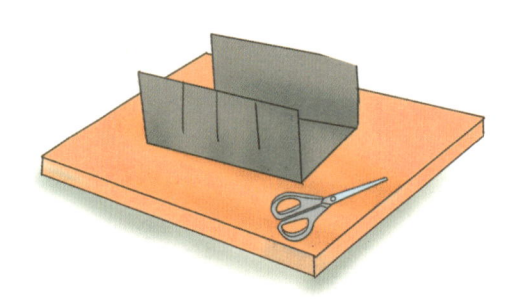

❶ 把黑色纸板折起来,然后在其中的一面剪三条缝。

❷ 在黑暗的房间内,打开手电筒,把它放在三条缝的后面。

❸ 把镜子放在纸板的另一端。你会发现当光线照射在镜子上时,每一道光线都以特定的角度反射回纸板。

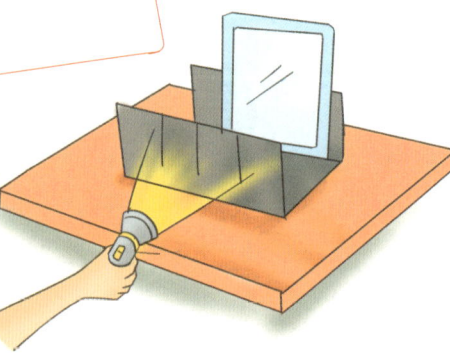

科学告诉你

镜子以跟光照射镜子的相同方式和相同角度（入射角）把光反射回去了。如果光线垂直照射在反射面的话，就会沿着原来的路径反射回去。如果光照射在一个光滑的面，那么它将以平行的方式反射。也就是说，所有的反射光线都沿相同的方向反射。如果反射面十分粗糙，那么光线的反射就会互相交错。

科学在你身边

光在反射时有一部分会被物体吸收

各光是由红、绿、蓝三色光按不同比例混合而成的。我们能看见的物体除黑色外都能反射光。白色物体反射所有光，看起来就是白色，灰色物体也反射各色光但只反射一部分。其他物体只要是什么颜色就能反射按一定比例混合本色的光。

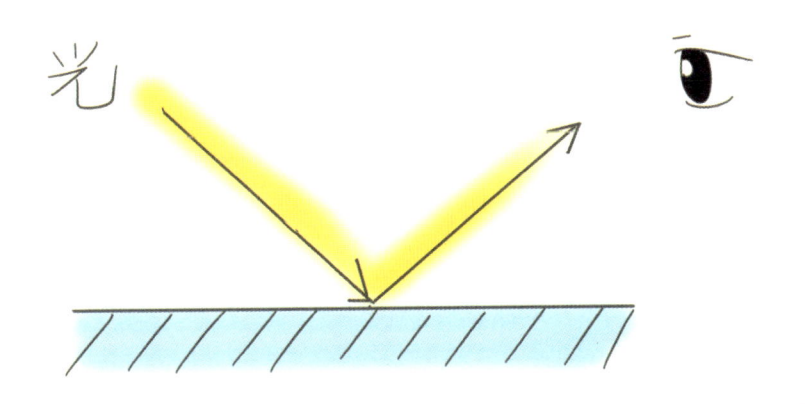

被"吃"掉的光线

实验百宝箱 1支手电筒　1张透明纸　1块玻璃片
1个陶瓷杯　1个玻璃杯

趣味游戏步骤

❶ 选择一个有白色墙壁的屋子，然后把玻璃杯、陶瓷杯、玻璃片和透明纸都放在白色的墙壁前面。

❷ 关上灯或拉上窗帘，不要让光线进入房间。打开手电筒，然后把手电筒的光对准上述物体。

❸ 仔细观察，发现陶瓷杯后面的墙上出现了一团深色阴影，光被完全"吃"掉了。而玻璃杯、玻璃片和透明纸后面的墙上只有淡淡的阴影，光线只被"吃"掉了一部分。

科学告诉你

陶瓷等物质会阻碍光的传播，光射在由这些材料制成的物体上面就会被反弹回来。所以当光照在陶瓷杯子上时，杯子的后面没有光线，只会呈现出一团阴影。而光是能穿透玻璃、透明纸等物质的，不过在穿过这些物质时，光会失去一部分光能，从而使得光能减少，亮度变小。因此，光照在玻璃杯、玻璃片和透明纸上时，墙面上会出现淡淡的影子。

科学在你身边

看不见电线的影子

光源的体积较大时，影子就会有本影和半影。本影是光在传播过程中遇到不透明物体时，在其后方形成的全暗区域。半影是在影子边缘，有部分光可到达的区域。物体和影子离得越远，本影越小，半影越大，再远时本影会消失。电线离地面很远，没有本影，所以看上去像是没有影子。

镜子为什么能成像

实验百宝箱　1面小镜子　1支铅笔
　　　　　　　1张纸　　　4本书

趣味游戏步骤

❶ 将四本书叠放在一起，将镜子靠放在书本上。
❷ 把纸压在镜子下面。

❸ 将你的下巴靠在手上，使你能从镜子中看到你在纸上所写的字。
❹ 眼睛只注视着镜子，用手在纸上写一个字。写完后观察你在纸上写的字，你会发现，和镜子里的比较，纸上的字是颠倒的。

科学告诉你

　　这个实验中所写的字,除了上下对称的字,如口、田等字,其他的字都是颠倒的。

　　平面镜成像是由于光的反射形成的,物体发出或反射的光照射到平面镜上,平面镜又将光反射到人眼中,而人眼看到的光是沿直线传播的,人便感到在镜子里有物体的像,当然这个像是不存在的虚像。

科学在你身边

镜子

　　镜子是一种表面光滑,并具有反射光线能力的物品。最常见的镜子是平面镜,常被人们用来整理仪容。在科学方面,镜子也常被使用在望远镜、镭射、工业器械等仪器上。

用太阳光来加热

实验百宝箱 1个放大镜　1根绳子　1个气球

趣味游戏步骤

❶ 吹起气球，用细绳将气球口系紧。

❷ 通过放大镜，让阳光聚焦在气球的某一个点上，持续一段时间。

❸ 持续聚焦一段时间后，气球就会爆炸。

科学告诉你

放大镜有聚焦的作用，能将太阳能集中在一个点上，持续作用，这个点的温度会越来越高，越来越热。当热量足以在气球上烧出一个小洞时，气球就会"砰"的一声爆炸！

科学在你身边

太阳能

人类对太阳能的利用有着悠久的历史。发展到现代，太阳能的利用已日益广泛，它包括太阳能的光热利用、太阳能的光电利用和太阳能的光化学利用等。例如太阳能电池、太阳能热水器，等等。

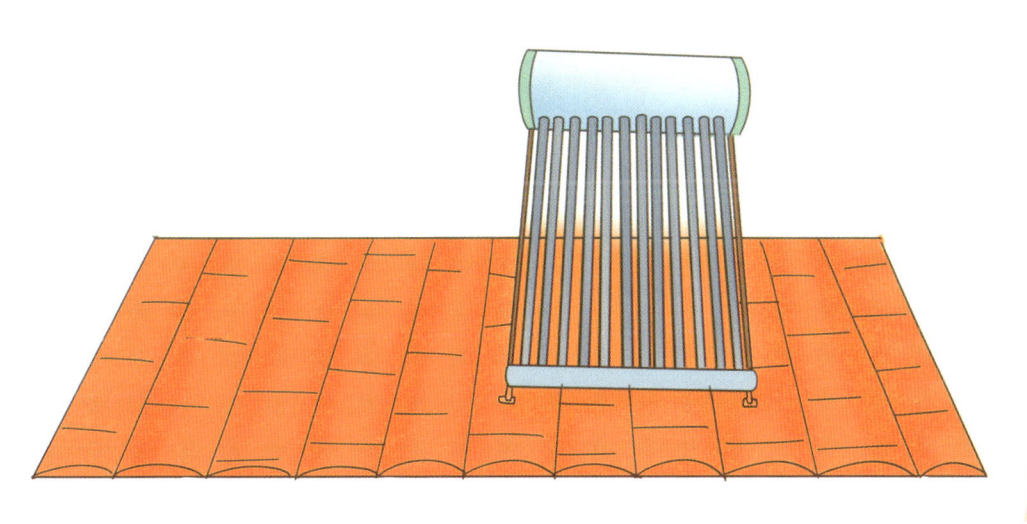

确定电性

实验百宝箱

1 支塑料笔　　1 根玻璃棒　　1 根绳子
1 块棉布　　　1 块丝绸　　　1 块羊毛布料
1 块皮毛

不同材质的待测物体（塑料、金属、木材、纸张）

趣味游戏步骤

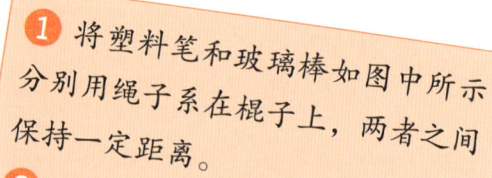

❶ 将塑料笔和玻璃棒如图中所示分别用绳子系在棍子上，两者之间保持一定距离。

❷ 用四块布料分别摩擦塑料笔和玻璃棒。

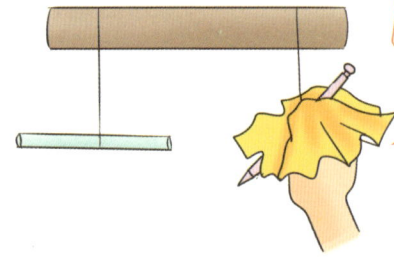

❸ 用布料摩擦每一块待测实验物品，之后将它们分别靠近塑料笔和玻璃棒，你会发现每一件物品都因为摩擦而带电，这些物品会排斥或者吸引带电的塑料笔和玻璃棒。

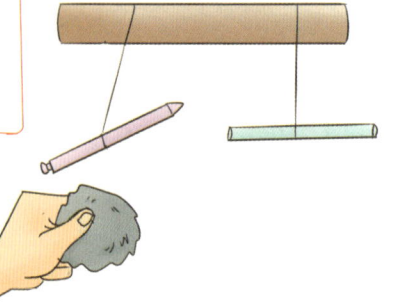

科学告诉你

已知塑料笔带负电，玻璃棒带正电。根据同性相斥，异性相吸的原理，我们可以知道吸引塑料笔而排斥玻璃棒的物体带正电，反之则带负电。

科学在你身边

感应与接触

有时候物体会带中性电荷，也就是说不带电。在中性的物体内部，正负电荷最初是均匀分布的，之后正负电荷便会分开，因为有带电物体吸引相反的电荷。当两物体分开时，中性物体的电荷又会重新平均分布。因此，中性物体会因感应而暂时带电。

如果我们用带电物体，比如带正电的物体接触中性物体，该物体会吸引中性物体并中和中性物体的负电。所以正电荷会出现在这两个物体中。但是这种通过接触产生的电不会持续很长时间。

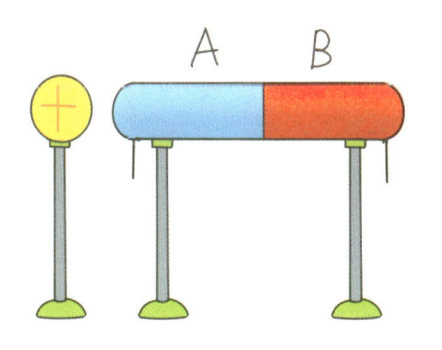

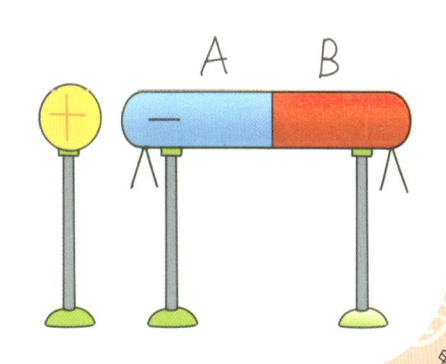

一、无处不在的光与电

制作验电器

实验百宝箱　1个玻璃瓶　　1个合适的木塞，用来封瓶口
1段铁丝　　1片锡纸　　　1块羊毛布料
1根玻璃棒和1根塑料棒

趣味游戏步骤

❶ 将铁丝穿过瓶塞，上下各留出一部分，将瓶塞下部的铁丝弯曲。

❷ 将锡纸对折，并将其挂在铁丝的末端，然后用木塞封住瓶子。

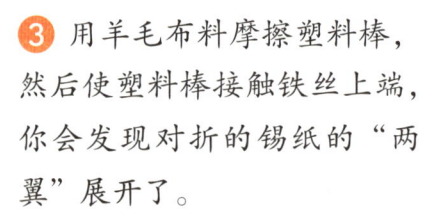

❸ 用羊毛布料摩擦塑料棒，然后使塑料棒接触铁丝上端，你会发现对折的锡纸的"两翼"展开了。

❹ 用羊毛布料摩擦玻璃棒使其带电，然后用玻璃棒接触铁丝顶端，你会发现锡纸的"两翼"闭合了。

（⚠ 注意：一旦实验开始，不要用手接触铁丝，以免电荷流失）

科学告诉你

塑料和铁丝接触时，塑料中的负电荷通过铁丝传到了锡纸的两片"叶子"上。因为两片"叶子"都获得了负电荷，所以它们相互排斥。当你再用玻璃棒靠近锡纸时，玻璃的正电荷中和了负电荷，"叶子"就合起来了。如果先用玻璃棒接触铁丝，然后用塑料棒中和，也会出现同样的效果（两者都带电）。

科学在你身边

天空中的电

暴风雨天气时，云的下部由于被大量空气摩擦而带负电。云层中负电荷的积聚会吸引地面上（树木、房屋、高大的建筑物等）的正电荷。当云层中的负电荷过高时就会产生闪电——电荷在地面与云层、云层与云层之间短时间转移。闪电看起来像光线的瞬间变亮，闪电后也会听到雷声——由于空气中热量积聚导致的空气突然膨胀而产生的巨大的隆隆声。

人造闪电

实验百宝箱

1 个足够大的平底铁盘　　1 大块橡皮泥
1 块塑料布　　1 枚硬币　　黑暗的房间

趣味游戏步骤

❶ 将橡皮泥捏软,并将其粘在盘子中央。橡皮泥要粘得很紧,以便抬起铁盘时仍能粘住。

❷ 将盘子放在塑料布上,然后握住橡皮泥,用力在塑料布上转圈摩擦盘子约1分钟。

❸ 抓住橡皮泥,提起盘子。
（⚠ 注意：手不要碰到盘子）

❹ 在黑暗的房间内,用硬币接近铁盘的一角,你会发现硬币和铁盘接触时会产生火花。

科学告诉你

铁盘子在塑料布上摩擦后带负电。当你把硬币靠近盘子时，多出的电荷会通过空气迅速地传到硬币上，再传到你手上（你会感到轻微的电击）。电荷在空气中传递表现为火花，这个实验实际上制造了微型的闪电现象。

科学在你身边

避雷针的发明

避雷针是美国人本杰明·富兰克林在1752年发明的。富兰克林确信闪电实际上是一股巨大的电流，因此一根金属针就能吸收这些电量。为了证明自己的理论，富兰克林做了一个带有金属片的风筝，并在风筝线的末端系了一把钥匙。有一天雷电大作，富兰克林把自己的风筝放上了天。这次实验证明了金属片可以吸收电荷，并通过潮湿的风筝线将电传到钥匙上。事实上，当富兰克林触摸钥匙时，他遭到了电击。根据这个实验，富兰克林建造了世界上第一个避雷针——一个很高的金属杆，他将避雷针设在了自己的花园里，出现暴风雨天气时，金属杆顶端会产生很多火花。金属杆在大量的电荷到达地面之前将其吸收，避免给房屋和其他建筑造成损害。现代避雷针有金属丝和地面相连，可以将电荷安全地导入大地。

连续的线路

实验百宝箱　1 节 4.5 伏的电池　3 根绝缘电线　1 个灯座
　　　　　　　1 把钢丝钳　　　1 个小灯泡

趣味游戏步骤

❶ 请一位成年人帮你将绝缘电线两端的塑料剥掉（小心不要剪到内部的铜线）。

❷ 将灯泡放在灯座上，这样就不用用手扶着灯泡了。
❸ 将电池、电线和灯泡连接起来。
❹ 将两根电线裸露部分相连，之后再分开，你会发现当电线相连时，灯泡亮；当电线分开时，灯泡不亮。

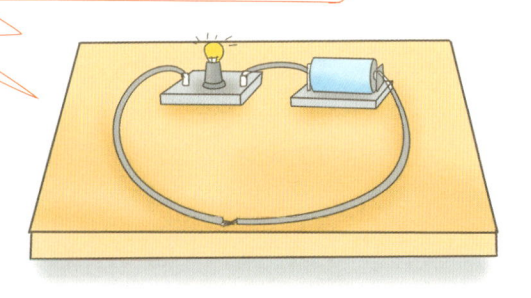

科学告诉你

电路（电流从电池流出的路径）必须在连接的时候才能工作。如果电路断开，电流就不能通过。

科学在你身边

霓虹灯

霓虹灯是城市的美容师，每当夜幕降临时，华灯初上，五颜六色的霓虹灯就把城市装扮得格外美丽。它是一种充有稀薄氖气或其他稀有气体的通电玻璃管或灯泡，是一种冷阴极气体放电灯。霓虹灯管是一个两端有电极的密封玻璃管，其中填充了一些低气压的气体。几千伏的电压施加在电极上，电离管中的气体使其发出光。光的颜色取决于管中的气体。

电导体

实验百宝箱　1节4.5伏的电池　　1个带灯座的5伏灯泡
3根绝缘电线（电线两端铜线露出）
2个金属质托架　　2个螺丝　　1块木板
一些待测物品（如1颗钉子、1块橡胶、1根牙签、1张锡纸、1根玻璃棒等）

趣味游戏步骤

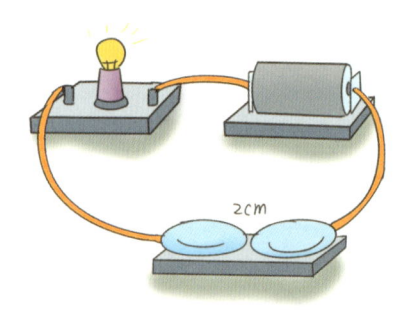

❶ 将两个金属托架固定在木板上，彼此相距2厘米。
❷ 将灯座放在托架旁边，然后用三根电线将电池、灯座和托架连接起来。

❸ 将待测物品分别放在托架上，你会发现放在托架上的钉子和锡纸可以使灯泡发光，而其他的物品则不行。

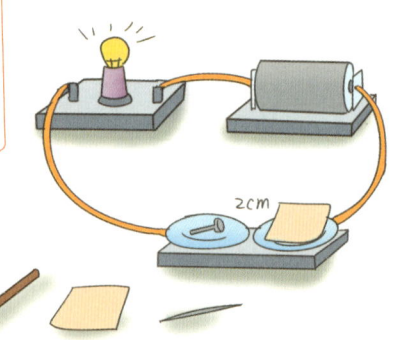

科学告诉你

只有当金属质的物品放在托架上时灯泡才会亮。金属物品使电路闭合，电流便能够通过。橡胶、木头、玻璃都是绝缘体，这意味着这些物质的电荷被封住了，不能向外逃逸，因此阻碍电流通过。这些绝缘体可以保护我们不受电击。比如电线外面包裹的塑料皮，它让我们能够接触电线而不用担心被电击。

科学在你身边

绝缘体和导体

在能导电的物质中，电子并不是被紧密地吸附在原子里，它们可以自由地移动。所以这样的电子能够将电从一个地方传到另一个地方。相反，绝缘体的电子被紧密地吸附在原子里，不能自由移动，所以不能导电。这种能够阻碍电流流动的倾向叫做电阻，物体的电阻越小，其导电能力就越好。

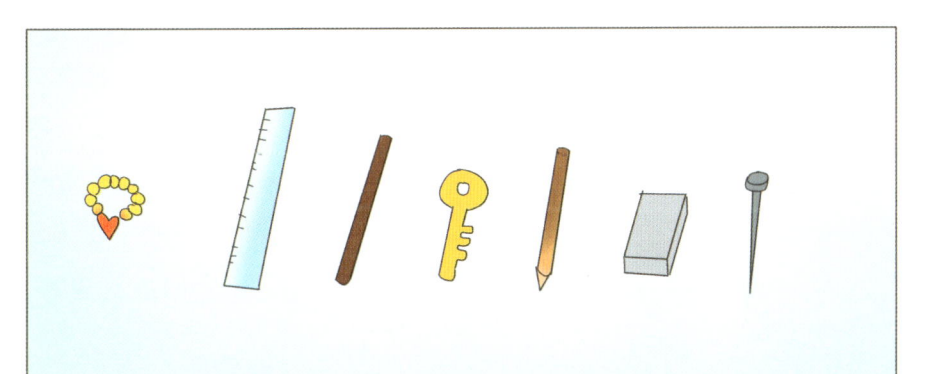

水的导电性

实验百宝箱

1 个玻璃或者塑料容器　1 个灯泡　蒸馏水
1 节 4.5 伏的电池　　　2 个接线端（夹子）
盐　　1 把钢丝钳　　　1 根电线

趣味游戏步骤

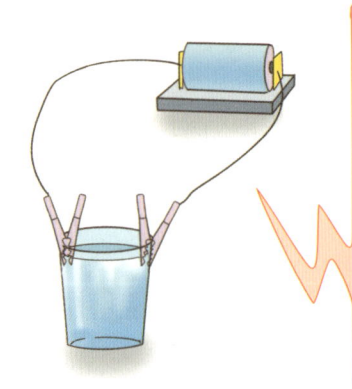

❶ 将蒸馏水倒入容器。

❷ 请一位成年人帮你剪 3 段电线，剥掉末端塑料。然后把其中两根电线的一端分别接在电池的两极上，其中一根的另一端连接接线夹子。第三根电线的一端连接另一个接线夹子。

❸ 把接线夹子夹在容器两端，接触到水。

❹ 将两根电线空出的两端接在灯泡上，一根接触灯口底端，一根接触灯口的侧面，你会发现灯泡没亮。

❺ 在水中加些盐。重新连接线路，灯泡亮了。

科学告诉你

蒸馏水是绝缘体，阻碍电荷自由流动。但是如果加入盐就变成了导体。当盐溶解后，其粒子带电，使电池和接线端的电荷相通，电路闭合，电就可以通过了。

科学在你身边

电的危险

当你的手是湿的或者你赤脚站在湿的地面上时，绝对不要接触开关和运行中的电器。家里的水不是蒸馏水，所以是一种良好的导体，如果电流通过水，会带来严重的电击。

一、无处不在的光与电

神秘的电灯

实验百宝箱
1 节 4.5 伏的电池　　1 个小灯泡
2 根绝缘电线　　　　1 把钢丝钳

趣味游戏步骤

❶ 用钢丝钳剪掉电线两头的绝缘塑料皮（这一过程可以请成人帮忙）。（⚠ 注意：不要剪掉里面的金属线）

❷ 分别将两根电线裸露的一端固定在电池的两个触点上。

❸ 将两根电线的另一端连在灯泡上，一根电线要接螺旋灯口底端的触点，另一根则要接螺旋灯口的侧面。当线路接通后，你会看见灯泡亮了。

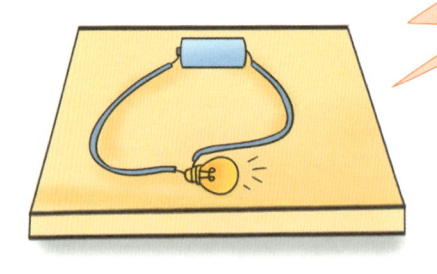

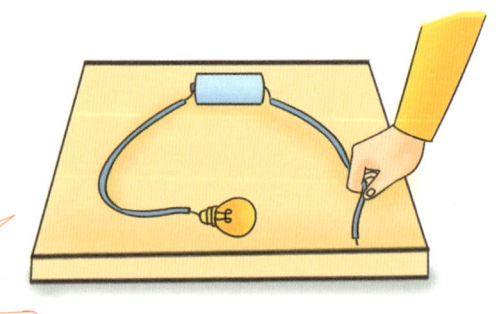

❹ 将连接在灯泡上的电线移开，灯泡熄灭了。

科学告诉你

我们看到的能使灯泡发光的能量就是电流——电池产生流动的电荷，通过电线传给灯泡，灯泡就会发光，这一线路就叫电路。当你断开线路时，电流无法在线路中循环流动，因此灯泡就会熄灭。

科学在你身边

保险丝是怎么"保险"的？

当电流流过导体的时候，电子与导体中的原子发生"冲突"，随之会产生热能。良好的导体中，电流几乎可以不受任何阻碍全部通过导体，所以产生的热量较小。保险丝也是一种导体材料，不过它的电阻较大，正常电流通过保险丝时产生的热量较小，它不会被烧断。一旦电流强度超过保险丝正常的"忍耐底线"，保险丝就会"发火"——产生较大的热量，烧断自己，中断电路，从而保证电器的安全。

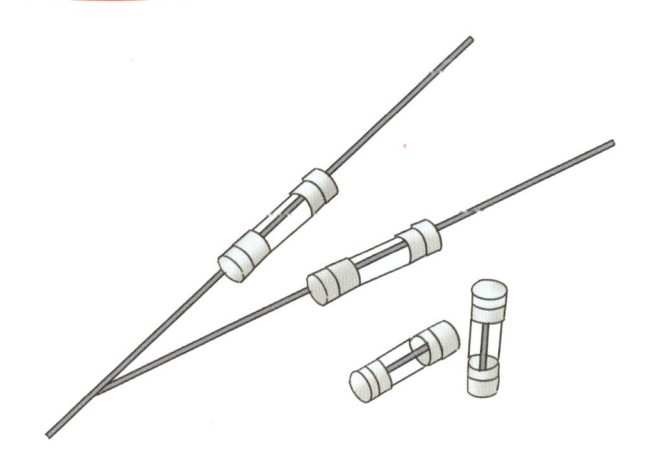

会"跳舞"的小白兔

实验百宝箱

1 块玻璃板　　1 张薄纸　　1 支铅笔
2 本较厚且厚度相同的书　　1 把剪刀
1 块绸缎

趣味游戏步骤

❶ 在薄纸上用铅笔画一只可爱的小白兔，然后用剪刀把它剪下来。

❷ 把两本书放在桌子上，间隔一段距离，然后把玻璃板搭在两本书上。
❸ 把剪好的小白兔放在玻璃板下面。
❹ 用绸缎在玻璃板上不停地摩擦，不一会儿，你就会发现，下面的小白兔开始翩翩起舞了。

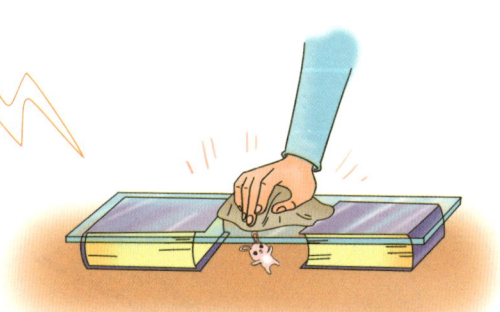

科学告诉你

绸缎不断摩擦玻璃，会使玻璃表面带上静电。静电先是吸引不带电的小白兔，使小白兔贴到玻璃上，然后小白兔会因和玻璃带有同种电荷而被排斥，从而掉下去，如此反反复复，小白兔就像是在跳舞一样了。

科学在你身边

电视屏幕上的静电

打开的电视，屏幕上充满了静电，它们在电视机关闭后仍会保持一段时间。在上面写字时，手指触及哪里，哪里的静电就会被转移。所以，写过字的地方就没有了静电，也就无法吸附粉尘颗粒了。

会放电的糖

实验百宝箱 2块方糖

趣味游戏步骤

❶ 晚上，关上房间里的灯，或者白天拉上窗帘，然后等待5—6分钟，以便让你的眼睛适应黑暗的环境。

❷ 像擦火柴一样，迅速地摩擦两块方糖，或是用其中一块敲击另一块。当两块方糖碰撞的时候，你能看到微弱的光。

科学告诉你

这是一个关于压电现象的实验。有些物质由于其特殊的结构，会产生一种特殊现象，即在被挤压、拉长而发生形变时，晶体会产生极化现象，在相对的两面上就会产生电荷。糖的晶体就具有这种特性。糖分子中都存在着化学能，敲击两块方糖时，施加的压力能将糖分子间的化学能转化成光能，因而产生亮光。

科学在你身边

嚼口香糖时嘴里为什么会迸出"火花"

嘴里的"火花"是由能产生压电现象的口香糖产生的。口香糖中含有鹿蹄草，它能吸收紫外线的能量并把它转换成可见光，所以在黑暗条件下我们会看到明亮的蓝绿色"火花"。

会导电的铅笔

实验百宝箱

1节4.5伏的电池　1个小灯泡
1把剪刀　1支铅笔（两头削尖，露出笔芯）

趣味游戏步骤

① 用铅笔把电池的正极和灯泡底部连接起来。

② 用剪刀把电池的负极和灯泡上的金属部分连接起来。
③ 全部连接上以后，灯泡就亮了起来。

科学告诉你

电流从电池上的负极通过金属剪刀流向小灯泡。微小的电流通过灯丝，使其炽热，然后通过石墨铅笔笔芯流向电池的正极，从而形成了闭合电路，小灯泡便亮了。

科学在你身边

石墨

通过这个实验，我们知道石墨是可以导电的，所以人们把它制成了电极材料，从而取代了铜的地位。因为石墨加工速度更快，重量更轻，放电消耗更小，材料成本更低，所以成为现在电极的首选材料。

二

无处不在的空气

空气无处不在，占据着每一个自由空间，人类的生存更是离不开空气。空气存在于水、动植物和人类的体内以及其他物体中。虽然空气很轻，而且看不见，但我们在日常生活中仍然可以发现它对人类生活的重要作用和影响。就让我们一起通过后面的一些小游戏和实验来进一步了解空气吧。

在水中保持干燥

实验百宝箱　1张干净的纸片　1个大口玻璃瓶
　　　　　　　1个乒乓球　　　1个塑料盆　　水

趣味游戏步骤

❶ 把纸片放入玻璃瓶底。
❷ 把水倒入塑料盆。
❸ 把乒乓球放在盆内的水面上。

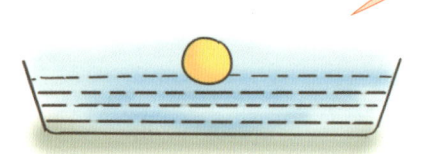

❹ 把玻璃瓶倒置，扣住乒乓球，然后把玻璃瓶用力往下压，直到瓶口接触到盆底。你会发现水没有进入玻璃瓶内，而乒乓球在盆底静止不动，几乎还是干燥的，同时纸片也是干燥的。

科学告诉你

玻璃瓶内的空气阻止了水进入玻璃瓶内，所以玻璃瓶里的纸没被弄湿。如果把玻璃瓶垂直向上提出水面，你会看到，玻璃瓶内的纸几乎没有变湿，玻璃瓶内仍然保持干燥状态。

科学在你身边

水中的空气

空气也存在于水中，我们可以通过一个小小的实验来验证这一点。把一个装满水的透明玻璃杯放在一个热源旁边。当水开始升温时，你会看到一个个充满空气的小气泡聚集在玻璃杯的杯壁上。尽管水中存在空气，但是人类却不能直接从水中呼吸空气。在水下，我们需要用吸管从水面呼吸氧气，或者用装满氧气的氧气瓶来维持呼吸。

称量空气

实验百宝箱

2根塑料棒（1根长15厘米，1根长30厘米）
2只不同颜色的气球（稍微充气）
2个易拉罐   1卷胶带   1支铅笔

趣味游戏步骤

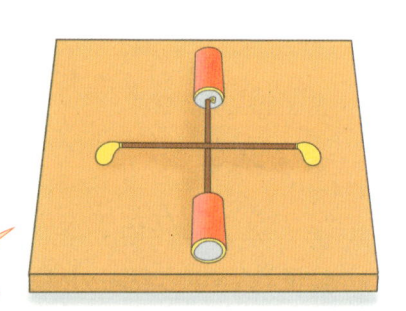

1. 用铅笔在30厘米长的塑料棒的中心点处做一个记号。
2. 用胶带把两只气球分别套在塑料棒的两端。
3. 把15厘米长的塑料棒两端分别粘在两个易拉罐上，然后把30厘米长的塑料棒的中心点放在15厘米塑料棒上，你会发现30厘米的塑料棒仍然保持着平衡。
4. 把一只气球取下来，打满气，然后把它再套在30厘米塑料棒的一端，把塑料棒的中心点放在15厘米塑料棒的上面，你会发现充满气的气球的那一端往下压。

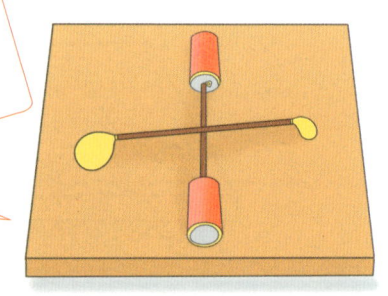

科学告诉你

充满气的气球里的空气质量比另一端的气球里的空气质量大。

科学在你身边

认识空气

空气是我们每天都呼吸着的"生命气体",它是地球大气层中的气体混合物,透明且无色无味。它主要由氮气和氧气组成,其中氮气的体积分数约为78%,氧气的体积分数约为21%,稀有气体(氦、氖、氩、氪、氙、氡)的体积分数约为0.934%,二氧化碳的体积分数约为0.04%,其他物质(如水蒸气、杂质等)的体积分数约为0.002%。空气的组成成分也不是固定不变的,随着高度的改变、气压的改变,空气的组成比例也会相应发生改变。

氧气21%
稀有气体0.934%
二氧化碳0.04%
其他物质0.002%
氮气78%

二、无处不在的空气

房间里的空气重量

实验百宝箱 1把卷尺　1支笔　1张纸
1个体重计　1个计算器

趣味游戏步骤

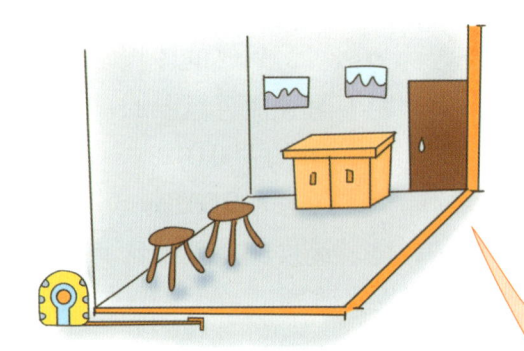

❶ 以米为单位,测量房间的大小,分别测量房间的长、宽、高。

❷ 将测量得到的数据相乘,得出房间的体积(体积=长×宽×高)。

❸ 科学家们经过计算得出,1立方米空气约重1.2千克。因此,如果用房间的体积乘以1.2,你就可以计算出房间里空气的重量。

❹ 现在用你自己的体重,与房间中的空气重量相比,哪一个更重呢?你会发现,房间中空气的重量比你还重。

科学告诉你

一个中等大小的房间里的空气重量跟一位成年人的体重大致相等（约为 70 千克）。

科学在你身边

用气泡来吸引猎物

巨头鲸会利用气泡这种现象来捕捉猎物。它在一大群鱼的下面不断转圈，制造出很多浮上水面的气泡。这些气泡会把鱼吸引过来，而巨头鲸只要坐等美食送上门来就行了。

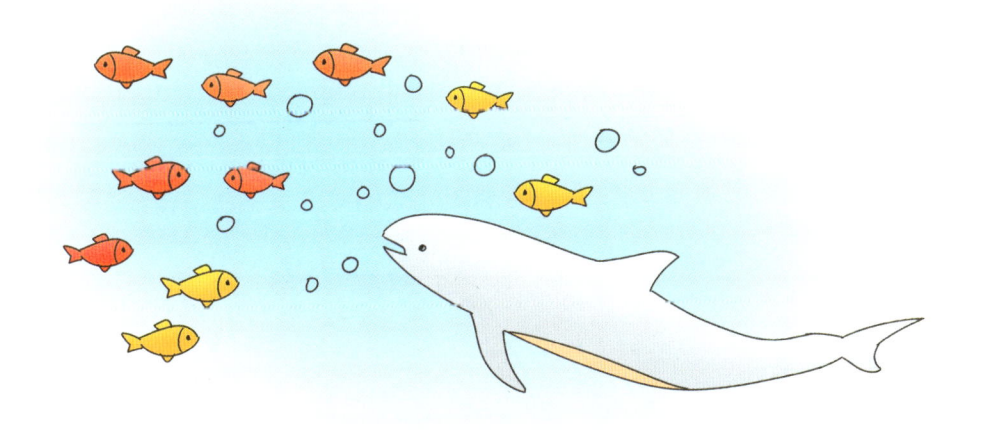

空气中无形的力

实验百宝箱 1把尺子　　1张白纸　　1块木板

趣味游戏步骤

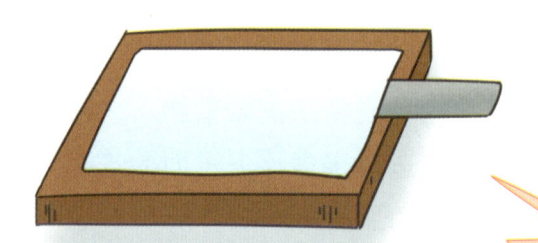

❶ 把尺子放在木板上，使它的1/3露在木板的外面。
❷ 把白纸放在尺子的上面，并使白纸平摊在木板上。

❸ 用力向下击打露在木板外面的尺子部分，使纸跳到空中。（⚠ 注意：不要用力过猛把尺子打断）你会发现纸阻止尺子跳起来。

科学告诉你

空气向下压着白纸。因为白纸的面积很大，所以尽管向下用力击打尺子，但是纸面上的空气重量足以阻止它跳起来。

科学在你身边

空气的压力

大气层是指包裹着地球很厚的空气层（约为1000千米厚），它对人体和物体产生巨大的压力，但是却没人注意到它——尽管压在每个成年人身上的空气达15吨！虽然我们在自己身上感觉不到空气的巨大压力，但我们可以发现并测量到它，还能人为地增加空气的压力，并利用空气的压力来操作机器，克服重力。

空气使水上升

实验百宝箱　1个脸盆　　1个玻璃杯　　清水

趣味游戏步骤

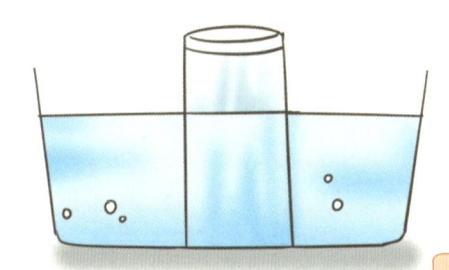

❶ 把玻璃杯放进盛满清水的脸盆中，使杯底朝上。

❷ 把玻璃杯向上提，但是不要使杯口离开水面，你会发现玻璃杯中的水面上升了，比玻璃杯外的水面要高。

科学告诉你

脸盆里水的表面上的空气压力把水推进了玻璃杯里。如果玻璃杯的杯口离开脸盆的水面，空气就会进入玻璃杯，并把玻璃杯里的水向外推出，玻璃杯就会变空。

科学在你身边

压水井

压水井，上面有一个活塞，下面有一个阀门，这个活塞和阀门都是一个单向阀，使空气往上走而不往下走。活塞往上走时，阀门开启，可以将下面管子里的空气抽到上面空腔来；活塞往下走时，阀门关闭，空气从活塞边上冒出来。如此循环将下面管子里抽成真空，水就在大气压的作用下被抽上来了。

比水更强大的力量

实验百宝箱 1个透明玻璃杯　　1张表面光滑的卡片
1瓶纯净水

趣味游戏步骤

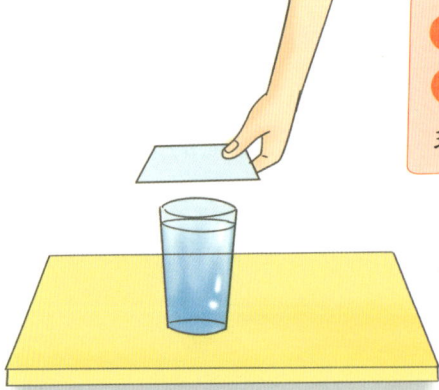

❶ 将玻璃杯装满水。
❷ 把卡片光滑的一面放在玻璃杯的杯口上。

❸ 用手指按住卡片，将玻璃杯倒过来。
❹ 把手从卡片上拿开，你会发现卡片仍然附着在玻璃杯口，而且玻璃杯中的水也没有流出来。

科学告诉你

卡片下方的空气压力比玻璃杯中的水的重量更大,这就是卡片能承受住水的重量让水无法流出来的原因。

科学在你身边

吸盘的力量

把吸盘用力按在物体表面上时,吸盘里的空气就被挤压出来了。由于吸盘外的空气压力,吸盘紧紧地附着在物体的表面,造成完全密封。但是,如果你把吸盘的边缘稍稍抬起,空气就会进入吸盘里面,吸盘就无法再吸在物体的表面上了,因为吸盘里面的空气压力和吸盘外面的空气压力是一样大的。

气压痕迹

实验百宝箱　1 盒橡皮泥
1 个装满水的、用软木塞封口的玻璃瓶

趣味游戏步骤

❶ 把橡皮泥弄软，然后把它捏成一个很厚的、与玻璃瓶底形状相同的圆形底座。

❷ 把玻璃瓶放在橡皮泥底座上，使它保持直立。

❸ 把玻璃瓶拿起，然后把它颠倒，再竖立在橡皮泥底座上，你会发现玻璃瓶正放在橡皮泥上留下的痕迹比倒着放留下的痕迹浅。

科学告诉你

正放的玻璃瓶底座占用的面积大，可以分散玻璃瓶的重量。相反，当把玻璃瓶倒放的时候，相同的重量集中在一个更小的面——瓶嘴上，产生了比之前大得多的压力，因此留下的痕迹自然也就更深。人体所产生的压力同样有赖于接触面的大小，这就是为什么雪橇能够防止滑雪者陷入雪里的原因。

科学在你身边

压力的变化

高山上大气的压力比海平面的大气压力要小：越往上走，空气越稀薄，因此产生的压力也越小。在水下也是同样道理：在水下潜得越深，你会感觉到水越来越重。空气的压力同时还随气温的变化（热空气比冷空气轻）而变化，还会受到湿度（含蒸汽水滴的空气比干燥的空气重）的影响。由于空气压力的这些变化，我们需要使用仪器来测量大气压力，比如气压计和高度计，等等。

挤压空气

实验百宝箱 1个去掉针头的注射器

趣味游戏步骤

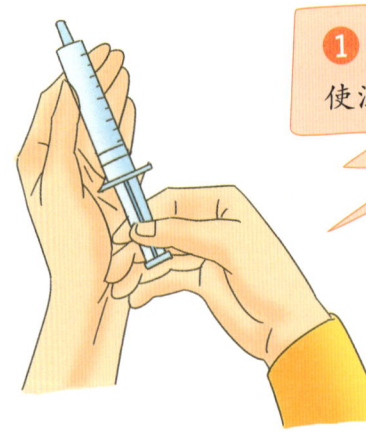

❶ 把注射器的活塞拉起，使注射器里充满空气。

❷ 用一个手指堵住注射器的口，用力向下推活塞，然后放开活塞，你会发现活塞仿佛被一种看不见的力量推挤，向上弹起，然后停住。你会感觉到有一股强大的推力挤压着你堵住注射器口的手指。把你的手指拿开，活塞就会回到最初的位置。

科学告诉你

空气被压缩了，因为活塞压得空气只占据了一个很小的空间。压缩增加了空气的压力——挤压容器内壁和你的手指的那股力量。活塞回到最初的位置是因为被压缩的空气膨胀并从注射器口流出，随后，空气压力减小，然后活塞下落。

科学在你身边

压缩空气的力量

轮胎里的压缩空气可以支撑整个自行车、轿车甚至自动列车的重量。由于轮胎的表面柔韧而富有弹性，因此，当车辆行驶到颠簸的路面或遇到不平的物体时，轮胎就会像一个软垫子一样起到缓冲的作用。

"喷气式"气球

实验百宝箱　1根绳子　　1卷胶带
　　　　　　　1只中号气球　1根吸管

趣味游戏步骤

❶ 将绳子穿过吸管，在房间内寻找两个相同高度的点，并把绳子拉直，将两端紧紧系在这两个点上。

❷ 将气球充气，并用手指夹紧气球嘴。

❸ 用胶带把气球粘在吸管下方，然后把气球拉到绳子的一端。

❹ 用手指拉住气球嘴，然后松开，你会发现气球带着吸管飞快地向前滑去。

科学告诉你

当充气的气球封闭时，气球里面的空气压力均匀地作用于气球内壁。当气球被松开以后，气球内部的空气膨胀，会产生一个向前的推力，推动气球向前运动。

科学在你身边

反作用力的力量

游泳运动员每一次划动手臂，小船划手每一次划桨，都向我们表明，对于每一个作用力，都有一个反作用力。手臂向后划动，或者桨在水面划动，在相反的方向都会有一个同样大小的力，使游泳运动员或小船划手向前移动。这也告诉了我们喷气式飞机的工作原理：它的反应器引擎向外喷射出很热的废气，而由此产生的反作用力十分强大，足以推动飞机向前移动。

空气的加热与冷却

实验百宝箱　1只气球　　1个空小口玻璃瓶　　自来水
1个装满热水的盆（⚠ 注意：别被烫伤）

趣味游戏步骤

❶ 将气球稍微充气，并将它套在玻璃瓶口上。

❷ 握着玻璃瓶，将其竖立在热水中1—2分钟，你会发现气球发生了膨胀。

❸ 打开水龙头，用凉水冲玻璃瓶，你会发现气球慢慢地缩小了。

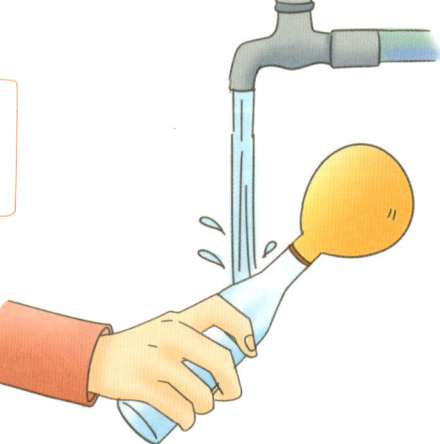

科学告诉你

空气也是由分子构成的，而分子是由微小的、运动的粒子组成。热量使得这些分子分开了，这意味着玻璃瓶内的空气发生了膨胀，因此需要更多的空间，所以瓶内空气进入了气球，并且使气球膨胀。用自来水冲玻璃瓶，使空气遇冷，产生了收缩，分子之间相互靠近了，因此，空气占据玻璃瓶内的空间变小，使气球内的气体进入玻璃瓶，气球变小。

科学在你身边

天气预报

天气预报（测）是使用现代科学技术对未来某一区域地球大气层的状态进行预测，使人们根据天气预测来相应地安排其工作与生活（比如农业生产、军事行动等）。今天的天气预报主要是通过收集大量的数据（气温、湿度、风向和风速、气压等），然后运用目前对大气过程的认识（气象学）来确定未来天气的变化。

神奇的玻璃杯

实验百宝箱　1个玻璃杯　　　　1本书
　　　　　　　1块表面光滑的木板　冷水和热水

趣味游戏步骤

1. 将木板轻轻地斜靠在书上，用凉水清洗玻璃杯，然后将玻璃杯底朝上倒放在木板的最高点。

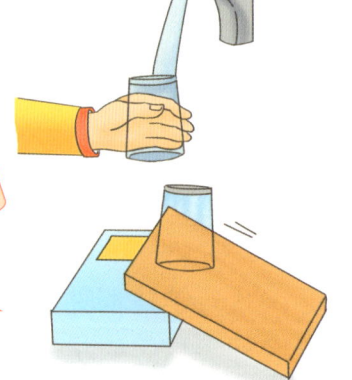

2. 用热水冲洗玻璃杯，再把它杯底朝上倒放在木板的最高点，你会发现用冷水冲洗过的玻璃杯沿着木板慢慢向下滑行，最后停住。而用热水冲洗过的玻璃杯会很快地向下滑行，然后跌落。

科学告诉你

玻璃杯内的空气被热水加热后，发生膨胀，使得玻璃杯非常轻微地从木板上面抬升，因此它能够不受阻力地很快滑下木板末端。

科学在你身边

小心空气膨胀

在每一个气体喷雾剂上，你都会发现这样一个警告："避免阳光直接照射，避免温度超过50℃。"通过我们之前的实验，你会知道这些警告的原因：喷雾剂里的压缩气体跟空气一样，如果受热，压缩气体就会膨胀，使喷雾剂瓶炸开！

螺旋

实验百宝箱

1 张正方形的纸（边长至少为 13 厘米）
1 支铅笔　　1 把剪刀
1 根大约 20 厘米长的绳子
1 个热源，比如一个很热的散热器，或者一个电锅（在成年人的监督下使用）

趣味游戏步骤

① 如图所示，用铅笔在纸上画螺旋图形，然后用剪刀沿着螺旋图形的线将纸剪开。

② 在螺旋形的中心穿一个小孔，用绳子穿过小孔并打一个结固定住。

③ 将螺旋条悬挂在热源上，你会发现螺旋条开始自己旋转起来。

科学告诉你

空气被热源加热并上升,当上升的空气接触到螺旋条的时候,会从螺旋条中间穿过,挤压螺旋条并使之旋转。

科学在你身边

热气球

热气球中的热空气比大气层中相对较冷的空气的密度低。因此,只要热气球中的空气保持受热,热气球就能保持飞行。发明出利用热空气让物体上升到空中的方法的是18世纪的两个法国人——艾丁尼·孟高菲尔和约瑟夫·孟高菲尔兄弟俩。1783年,另外两个法国人——让·弗朗索瓦·德·罗兹尔和马奎·德·阿兰德,成为了最先乘坐孟高菲尔兄弟制作的热气球遨游天空的人。

空气循环

实验百宝箱

1张薄纸条　1把剪刀　1根细绳　1卷胶带

（⚠ 注意：这个实验必须在冬天一间温暖的房间里进行）

趣味游戏步骤

❶ 用胶带把纸条粘在一条至少1米长的细绳上。

❷ 用胶带把绳子的末端固定在窗户的两个下角。

❸ 打开窗户，使它刚好拉紧绳子。现在，开始仔细观察纸条的运动情况，你会发现纸条朝房间内弯曲。

❹ 重复这个实验。这一次，把绳子的末端粘在窗户的两个上角，你会发现纸条朝房间外弯曲。

科学告诉你

冷空气进入房间，把纸条压向房内。冷空气从窗户的下部进入房间的同时，热空气从房间的上部向外逃逸，把纸条压向房外。

科学在你身边

加热房间

热能够穿过冷的物体和热的物体。在一个房间内，散热器先把它附近的空气加热，然后加热周围的空气。随着热空气上升，它原来所占据的空间就会被质量更重的冷空气所占据。这一部分冷空气接着也会被加热，然后上升，当热空气升到很高后，与冷空气接触，一并加热冷空气。因此，热空气又会变冷，然后下沉。这个热空气—冷空气—热空气的循环周而复始，被称作对流（意思是"传导"）。

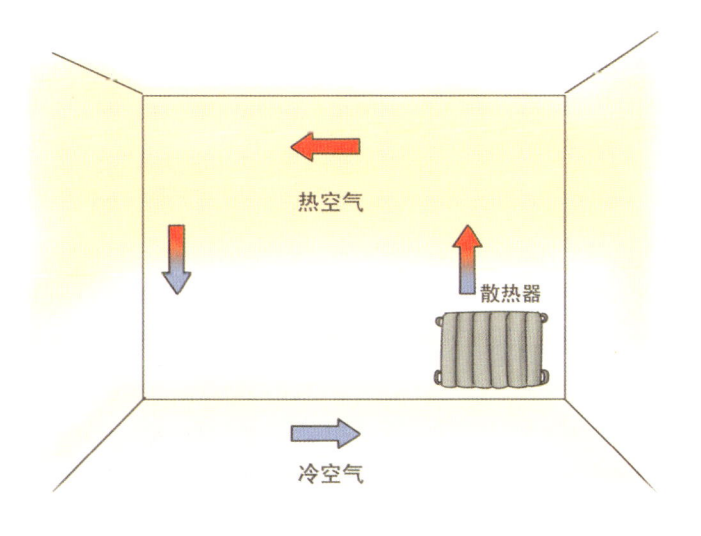

热空气

散热器

冷空气

保存热量

实验百宝箱

3个一样的带盖玻璃瓶　　1条羊毛巾
几张报纸　1个与3个玻璃瓶一样深的盒子
热水　　　1支温度计（可以在水里使用的）

趣味游戏步骤

❶ 将第一个玻璃瓶用羊毛巾裹起来，第二个玻璃瓶用揉皱的报纸包起来并放在盒子里，第三个玻璃瓶则不用任何东西包裹。

❷ 将三个玻璃瓶都装满热水，然后测量出每个玻璃瓶的水温，盖上盖子。

❸ 把三个玻璃瓶放在一个寒冷的地方（如阳台上或一个寒冷的房间）30分钟。

❹ 用温度计测量哪个玻璃瓶里的水的温度下降最少。你会发现水温下降最多的是没有包裹的那瓶水，而水温下降较少的则是盒子里围着皱报纸的那瓶水和用羊毛巾包裹的那瓶水。

科学告诉你

羊毛巾和报纸能保存热量，并且使瓶子与冷空气隔绝了，这延缓了水温的下降。

科学在你身边

热的传导

热的导体有很多种，其中一种是金属，因为它受热后可以立即把热量传导出来，这就是为什么水壶的金属柄很快就变热的原因！自由流动的空气向四周传播热量，金属会保存并吸收热量，这就是金属成为优良导体的原因。同时，我们也利用双层玻璃窗来阻止房间内的热量向外逃逸。玻璃窗的两层窗格间的间隙可以保存空气，成为一道热空气和冷空气之间的屏障。羊毛衣物、填料、鸟类的羽毛，以及很多动物的皮毛都以同样的方法来保存热空气。

被挤压的塑料瓶

实验百宝箱 1个有盖的1.5升的空塑料瓶　　热水

趣味游戏步骤

❶ 将塑料瓶装满热水。

❷ 等待几秒钟后,将塑料瓶里的水倒空,并迅速盖上瓶盖,你会发现塑料瓶变扁了,就好像有一双手在挤压瓶身!

科学告诉你

塑料瓶里的空气因为受热膨胀变轻，因此对内壁产生的压力比瓶外空气对外壁的压力小，所以，塑料瓶外的空气挤压瓶子，使之变扁了。

科学在你身边

修复乒乓球

我们在日常生活中把不小心踩瘪的乒乓球放到装有开水的杯子里，盖上杯盖，乒乓球很快就会鼓起来。这是因为乒乓球表面的塑料受热会变软，里面的空气受热会膨胀，体积就会变大，就把乒乓球瘪了的部分顶起来了，恢复了原来的圆球状。

空气的推力

实验百宝箱　1张卡片　　1支铅笔　　1把剪刀
　　　　　　　1颗图钉　　1根小木棍

趣味游戏步骤

① 把卡片剪成图中的形状。

② 把图中的阴影部分折起来，做成风车。
③ 把风车的中心点用图钉钉在小木棍上。
④ 确保风车能够自由地旋转。拿着小木棍，使风能吹到风车，你会发现风车飞快地旋转。

科学告诉你

风车的叶片是旋转对称设计，不是轴对称设计。在有风的情况下，叶片在对称位置产生的扭转力矩无法互相抵消，这样部分风能被风车留下了，风车就可以转动了。风车房和风力农场里风力机器的工作原理与此相同。风吹在可以被推动的阻碍物——帆的表面，可以使它转向。在风力农场里，风能被转化为电能。

科学在你身边

风力发电机

风力发电机就是将空气中的风能转化为电能的装置，它的工作原理是利用风力带动风车叶片旋转，再透过增速机将旋转的速度提升，来促使发电机发电。它主要由叶片、发动机、机械部件和电气部分组成。根据旋转轴的不同，主要分为水平轴风力发电机和垂直轴风力发电机两类。

用棉线切割玻璃

实验百宝箱 1根棉线　　1块玻璃　　1盆冷水
1盒火柴　　煤油

趣味游戏步骤

❶ 将棉线浸满煤油，再将棉线缠在玻璃将要切割的位置上，用火柴点燃棉线。

❷ 在棉线即将燃尽时，迅速将玻璃浸入准备好的冷水盆中，玻璃立刻会沿着刚才棉线的位置断裂开来，快速而整齐。

科学告诉你

这是利用了物体热胀冷缩（物体受热以后会膨胀，在受冷的状态下缩小）的特性。在棉线燃烧过的位置上玻璃温度会升高，于是此处玻璃受热膨胀。当迅速将玻璃整块浸入冷水中时，它会遇冷急速收缩，由于玻璃属于热的不良导体，内外的伸缩程度不一致，加之自身的脆弱，所以很容易沿着棉线所在位置断裂。

（⚠ 注意：本实验需要成人协助）

科学在你身边

热胀冷缩

在我们的日常生活中，空气和水看起来是那么的平常，只要拧开水龙头就会有水哗哗地流出来，然而到了冬天由于外面空气寒冷，水在水管里面会随着温度的下降而变化，当温度下降到一定程度水就会结冰，水结冰后体积慢慢变大，而遇冷后的水管会收缩，这样一来水管就会爆裂了。

声音也能吹蜡烛

实验百宝箱　1 支蜡烛　　1 根缝衣针　　1 只气球
　　　　　　　2 条橡皮筋　1 个纸筒

趣味游戏步骤

① 从气球上小心地剪下两个圆片。
② 把两个圆片分别用橡皮筋固定在纸筒的两端。
③ 在一端的气球圆片上用针扎一个孔。 
④ 小心地点燃蜡烛。
⑤ 拿纸筒有孔的一端对准蜡烛火焰，用手拍打纸筒另一端的圆片，结果蜡烛熄灭了。

科学告诉你

　　一个物体振动时，会带动它周围的空气随之振动。拍打纸筒一端的圆片，你就听到了拍打声。而振动还会随着纸筒里的空气传播，把空气从小孔里挤出，蜡烛就被吹灭了。

科学在你身边

声控开关

　　听话的声控开关声音是由振动产生的。你说话时，就会引起空气振动，振动随即传播出去，这时开关里面的麦克风装置开始工作，当外界有足够强的声音（如大声说话、拍掌），话筒就会拾取声音信号，使开关导通（开），电灯就亮了。灯亮后延时关闭电路工作，一定时间之后电路关闭，此时灯就熄灭了。

鸡蛋"冒汗"

实验百宝箱

1 个炒锅　　1 枚新鲜鸡蛋　　一些黄沙

趣味游戏步骤

❶ 在炒锅内放一些干燥的黄沙。
❷ 取来新鲜的鸡蛋，把蛋的大头一端放在沙中，露出小头一端，整个鸡蛋大约有一半埋在沙中就行了。

❸ 将炒锅放在炉灶上加热，同时仔细观察鸡蛋。过了一会儿，蛋壳表面冒出一小滴一小滴的水珠，像是出汗似的。

科学告诉你

当你把鸡蛋放在沙中加热时，鸡蛋中的蛋白、蛋黄遇热膨胀，蛋内的压力增大，必然使鸡蛋中的一部分水汽化，水蒸气被迫从蛋壳的气孔中挤出来，就出现了一滴一滴的小水珠，这就是鸡蛋"冒汗"的秘密。

科学在你身边

鸡蛋里面有空气吗

蛋壳的表面粗糙不平，蛋壳上还有许多细孔。据科学家计算，一枚鸡蛋表面的小孔有 7000 个左右。这些蛋壳上的小孔又叫气孔。我们知道，生命离不开空气，鸡蛋受精卵发育生长也需要一定的空气。在鸡蛋中，有一个贮存空气的空腔，叫做气室。蛋中的胚胎发育成长，需要呼吸，所呼吸的空气，就是通过蛋壳上的小孔进入蛋内的。

三

与生活息息相关的水

水是人们日常生活中最常见的物质之一，也是必不可少的重要物质。水在常温下为无色无味的透明液体，也是生物体最重要的组成部分，在人的生命演化中起到了重要的作用。

水往高处流

实验百宝箱　1根约20厘米长带叶子的芹菜
1个玻璃瓶　　水　　1瓶蓝墨水

趣味游戏步骤

① 把水倒入玻璃瓶内，滴入几滴蓝墨水给水上色。

② 把芹菜放入染上色的水中，然后将玻璃瓶置于温暖的地方。

③ 几小时后，你会发现芹菜梗及叶子呈现出墨水的颜色。

科学告诉你

如果你切开芹菜梗，你就会发现它是由很多"小管子"组成的。水通过这些小管子流到芹菜叶子上，就像被吸上去一样。这种现象就叫做毛细作用。植物就是利用这一作用用其根系从土壤中吸取水分，然后将其一直运送到叶片上的。用类似的方法，你也能将白色的花朵染上颜色。

科学在你身边

虹吸现象

虹吸现象是液态分子间引力与位能差所造成的，即利用水柱压力差，使水上升后再流到低处。由于管口水面承受不同的大气压力，水会由压力大的一边流向压力小的一边，直到两边的大气压力相等，容器内的水面变成相同的高度，水就会停止流动。利用虹吸现象很快就可将容器内的水抽出。

水中绽放的纸花

实验百宝箱　　1 张白纸　　1 支水彩笔
　　　　　　　　1 把剪刀　　1 个装上水的脸盆

趣味游戏步骤

❶ 先用水彩笔在纸上勾勒出一朵花的图形，描出上面的线，然后把它剪下。

❷ 将花瓣沿虚线折好。

❸ 把弄好的纸花小心地放在水上，你会发现，慢慢地花开了。

科学告诉你

水通过毛细作用渗入纸内部的纤维中,这使纸内部纤维膨胀。折线部分渐渐张开,纸花就绽放了。

科学在你身边

吸水膨胀袋

吸水膨胀袋是用"高吸水树脂"人工合成的无毒无味、不融水、难燃烧的高分子聚合物,具有很高的吸水性。膨胀剂装在具有透水性能好的无纺布制成的外层袋,当与水接触时,短时间内树脂溶胀且凝胶化,体积快速膨胀,重量快速增加。膨胀袋膨胀速度2—3分钟可达到原体积的80—100倍。

水的重量

实验百宝箱　　2个塑料瓶　　1颗钉子　　1卷胶带　　水

趣味游戏步骤

❶ 用钉子在一个瓶子上竖着钻一排小孔，在另一个瓶子上横着钻一圈小孔。
（⚠ 注意：在成年人的监护下进行）

❷ 用胶带封住两个瓶子上的孔。

❸ 给两个瓶子装上水，撕下瓶上的胶带。你会发现水从横着打有一圈孔的瓶子中向四周喷出，而且喷出的距离相同。但从竖着打有一排孔的瓶子中，水喷出的距离不同，离瓶底越近的孔里喷出的水越远。

科学告诉你

装在瓶里的水对瓶内壁产生很大的压力，所以当它从孔中喷出时，力量很大。这种力量因为靠近底部的水的重量增大而加大，喷出的水就更远。

科学在你身边

深海探险

深海潜水器是可下潜的水下船只，用于深海探险和研究。深海潜水器船身内装有发动机和蓄水箱，当深海潜水器下潜时，这些蓄水箱逐渐地装满水，使船内压力和外部海水压力保持平衡。深海潜水器船身下是一个圆球，用于船员在里面对深海进行观察，它由能承受深海巨大水压的钢板制成。

简易喷泉

实验百宝箱　1根橡胶管　　1卷胶带　　1个漏斗
　　　　　　　1个眼药水瓶滴嘴　　　水

趣味游戏步骤

① 用胶带将漏斗缠在橡胶管一头，将眼药水瓶滴嘴缠在另一头。

② 用手指捏住滴嘴，同时将水从漏斗中灌入橡胶管中（在水池上进行）。

③ 放低有眼药水瓶滴嘴的一端橡胶管，松开手你会发现水从眼药水瓶滴嘴喷出。漏斗那端抬得越高，眼药水瓶滴嘴喷出的水越高。

科学告诉你

漏斗处的水受到的大气压力大于橡胶管中水的重量，这使橡胶管中的水从眼药水瓶滴嘴喷出。漏斗抬得越高，水也喷得越高，这是因为管内水的落差变大。同理，把一个物体抬得离地面越高，它的势能就越大。

科学在你身边

水的天然力量

几个世纪以来，人们一直利用水来驱动水车。水的这种力量源于水的落差或是水下暗流的作用。水电站就是利用水从高处流下时产生的能量来发电的。

水和热量

实验百宝箱　1 个透明的容器　　1 个有盖子的塑料小瓶
　　　　　　　 1 瓶彩色墨水　　　　水

趣味游戏步骤

❶ 往容器内加水。
❷ 在塑料小瓶中滴入几滴墨水，然后再倒入热水（在成年人的帮助下），盖上瓶盖。

❸ 把小瓶放入冷水中，置于容器底部。去掉瓶盖，你会发现染了墨水的水跑到容器中水的上部，在水面上散开。过一会儿后，这些有颜色的水开始下沉，并同其余的水融合。

科学告诉你

和其他物体一样，水是由微小的可移动的粒子构成，它们就是水分子。热量会加速水分子的运动，使它们相互分散开。随着水分子的分散，它们不再像以前那样密集地排列在一起，水因此也变得更轻。这就是染了色的热水漂在冷水上的原因。随着热量的传播，冷水和热水的温度开始接近，染了色的热水逐渐下沉，并开始同冷水混合。

科学在你身边

去掉衣服上的墨渍

在日常生活中，如果衣服染上了墨水渍，一般用肥皂水浸泡后还是很难清洗干净，这时，我们就可以把脏衣服先用温肥皂液浸泡一会儿，再用百分之十的酒精溶液搓洗，你会发现衣服上的墨渍很快就可以祛除了。

水上漂浮

实验百宝箱 　1 把镊子　几根缝衣针
　　　　　　　　1 个杯子　水

趣味游戏步骤

❶ 往杯中加满水。

❷ 用镊子夹住针，将针轻轻地横着放在水面上，你会发现针漂浮在水面上（针也可能沉入杯底，多试几次，你必须将针轻轻地水平放下）。

科学告诉你

水面的水分子会形成一种膜，能够支撑住较轻的物体。这种使水分子联结在一起的力量叫水的表面张力。你倒了满满一杯水，仔细观察水面，你会发现，沿着杯口，水面向上微微鼓了起来，构成一个曲面，这正是水的表面张力的作用。它紧紧拉拽着水面，就如同一个袋子般装着水。如果水很少的话，水的表面张力就使水形成圆圆的水滴。

科学在你身边

水的表面张力

水是液体，能流动，并能让物体沉入其中。水分子使水运动，但水分子不会完全分开，它们每时每刻都相互吸引。水面的水分子没有其他水分子从其上方吸引，因此结合得更加紧密。水面的这种张力使一些小动物能在水面行走，我们能吹肥皂泡泡也是得益于此。

三、与生活息息相关的水

隔水膜

实验百宝箱　1 条手绢　　几根皮筋
　　　　　　　　1 个杯子　　水

趣味游戏步骤

❶ 把手绢浸入水中，然后拧干。
❷ 往杯中倒满水。

❸ 把手绢充分展开罩在杯口上，用皮筋紧紧地扎住。
❹ 把杯子快速翻转过来，你会发现杯中的水被手绢挡住，就好像手绢不透水似的。

科学告诉你

手绢被弄湿后,纤维间都充满了水。水的表面张力使湿手绢变成一层不透水的隔膜。这都是因为纤维或颗粒间的空隙被水填满,并相互联结在一起。

科学在你身边

在水面行走的昆虫

水虱和水黾生活在水塘中,它们柔软细长的腿上长满了细茸毛,使它们能在水面跳跃、滑行、搜寻猎物而不会沉下去。水面的张力使它们脚下形成一个向水面下方弯曲的膜,这个膜足以支撑这些小昆虫的体重。

水中的小孔

实验百宝箱　　滑石粉　　水　　肥皂水　　1个水池或水盆

趣味游戏步骤

❶ 在水池或水盆中灌入水。

❷ 把滑石粉撒在水面上。

❸ 将手指插入水中，就像在水面上打孔一样。你会发现滑石粉会体现水的表面张力。因此，当你将手指插入水中时，水的表面张力会使"小孔闭合"。

❹ 将指尖沾上肥皂水（⚠注意：别让肥皂水滴入盆里的水中），将沾上肥皂水的手指靠近水池或水盆边缘插入水中。

❺ 用沾了肥皂水的手指头在撒了滑石粉的水面钻孔。你会发现第一次将沾了肥皂水的手指头伸入有滑石粉的水中时，水面的滑石粉会散开。但从第二次开始，手指就能在水面留下小洞。

科学告诉你

水的表面张力很强，当你将手指插入时，水面只是暂时被穿破。肥皂水会降低你手指钻入处水的表面张力，而水面其他地方张力仍会很强，紧紧地吸住滑石粉。水面上产生的小孔不会合上，因为小孔处的肥皂水使水分子不能结合，水面也无法恢复到以前的状态。（如果想重复实验，你需要把水换掉。）

科学在你身边

滑石粉可以食用吗？

滑石粉主要成分是含水硅酸镁，经过粉碎后，用盐酸处理，清洗，干燥，加工而成，大多用于化妆品、医药、食品、化工、涂料、油漆、电缆等多种材料中。

滑石粉加在食品中，叫做食用滑石粉或者食品级滑石粉，加入了滑石粉的食品更加顺滑、蓬松。最常见的就是面粉，使用面粉可以做成面条、蛋糕、馒头、饺子、包子等等，成为我们的主食。长期食用会对人体产生一定的隐患。

肥皂船

实验百宝箱　1个水盆或水池　　1张卡片　　1把剪刀
肥皂水　　水

趣味游戏步骤

❶ 往水盆或水池中加水。

❷ 用剪刀将卡片剪成三角形。当水面平静后，把剪好的三角形放在池角或盆边，朝向水面中心。

❸ 将指尖沾上肥皂水，把指头轻轻放入三角形后面的水中，你会发现三角形向对面漂了过去。

科学告诉你

开始三角形不动，因为它四面都受到水分子的吸引。肥皂水降低了三角形后面的水的表面张力，三角形前面的水的表面张力仍然很强，因此就能将三角形拽向前方。（若想重复实验，先换掉盆中的水。）

科学在你身边

肥皂的工作原理

仅靠清水很难清除衣物、碗碟和皮肤上的污垢——尤其这些污物很油腻时。在清除污垢方面有两种主要类型的分子，一种可以吸附污垢；另一种溶于水，并阻止水分子相互结合——这就是肥皂为什么能在水中将脏东西分解并洗去的原理。之后，污垢就扩散到水中并被倒掉。

同心半球

实验百宝箱　肥皂水（最好在冰箱中放 1 小时）
1 根吸管　　1 块光滑的钢板

趣味游戏步骤

❶ 擦湿钢板。

❷ 用吸管沾上肥皂水，吹一个泡泡，并将它慢慢地放在钢板上，肥皂泡会变成一个半球形。

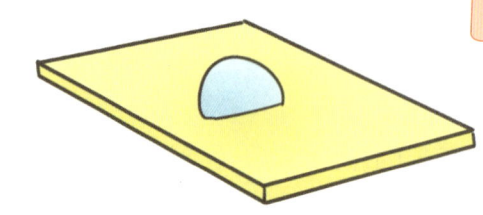

❸ 将吸管沾上肥皂水（吸管的外部表面也要沾上肥皂水），小心地将吸管插进第一个肥皂泡，慢慢地在里面再吹一个泡泡。

❹ 用同样的方法吹第三个泡泡（⚠ 注意：别让泡泡相互重叠粘住）。你会发现每个新泡泡都出现在上一个的中心，并使之前的泡泡变得更大。

科学告诉你

泡泡中有空气。新泡泡挤开上个泡泡内的一些空气，由于肥皂泡的表面伸缩，所以上一个泡泡会变得更大。多做几次这种实验，你就发现你能吹出各种各样的泡泡。试着将一个泡泡放在另一个的表面，看看会有什么变化。

科学在你身边

泡泡水的配方

想吹持续时间最长的泡泡，你就要试试以下的配方，看看哪个最好：

1. 600 克水 +200 克清洁剂 +100 克甘油。
2. 600 克蒸馏水 +300 克甘油 +50 克去污剂 +50 克氨水。配好的液体需先放上几天，过滤然后再放入冰箱 12 小时才能使用。
3. 300 克水 +300 克洗洁剂 +2 勺糖。
4. 4 勺肥皂粉加入 400 克热水中（最好能使肥皂完全溶解）。把配好的溶液放一周，再加 2 勺糖。

蹦蹦跳跳的泡泡

实验百宝箱　1件毛衣或羊毛围巾　　1根吸管
1只乒乓球拍（托盘或硬皮书也行）
肥皂水（最好能在冰箱里冰镇一下）

趣味游戏步骤

❶ 把毛织品缠在拍子上。

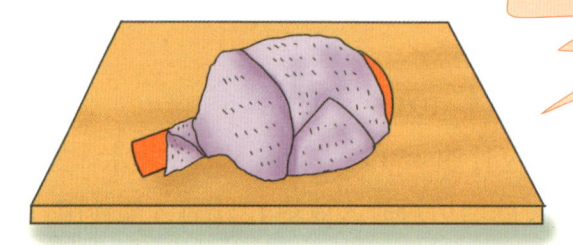

❷ 吹一个肥皂泡，让它落到拍子上。
❸ 轻轻移动球拍，使肥皂泡弹起来，你会发现肥皂泡安然无恙地落在拍子上，并弹了起来。

科学告诉你

泡泡的表面由水和肥皂构成，十分有弹性，并可曲伸，落在毛织物上能悬在它表面而不会破裂。如果你想在冷天做这个实验，把上面用到的东西拿到户外，这时泡泡会被微微冻住，看上去像一个水晶球。

科学在你身边

有方形的泡泡吗？

肥皂泡表面的张力使它能向外伸展到最大程度。但泡泡表面总趋向闭合，使泡泡内壁接触的空气比外表面的少，也就使泡泡表面成球体。所以，要天然地吹一个其他形状的泡泡是不可能的。但利用铁丝，可以吹出奇形怪状的泡泡。如果泡泡弹性足够的话，吹出方形、金字塔形的泡泡都是有可能的。

软硬不同的土豆片

实验百宝箱　1个土豆　1把小刀　盐
　　　　　　　1把小勺　2个碗　　水

趣味游戏步骤

❶ 在两个碗里倒些水，在其中一个碗里加两勺盐。

❷ 用小刀切两片约7毫米厚的土豆片，把它们分别放进两个碗里。

❸ 一段时间后，取出两片土豆，你会发现，泡在清水里的那一片变得比较硬，而泡在盐水里的那一片却变软了。

科学告诉你

放在清水中的土豆片，它的细胞液内盐的浓度大于清水内盐的浓度，所以它就吸收了很多清水；反过来，放在盐水里的土豆片，它的细胞液内盐的浓度比盐水中的少，所以土豆片的水反倒跑进了盐水里，结果土豆片因脱水而变软了。

科学在你身边

给菠萝洗个澡

菠萝含有大量的菠萝酶，这种物质既能分解食物中的蛋白质，也能使人们的口腔黏膜受到明显刺激，会让人们的口腔出现麻木酸痛的感觉。把菠萝用盐水浸泡一下，就会让它里面菠萝酶的活性降低，口腔过敏与不适的发生率也会随之下降。

水滴也会"走"钢丝

实验百宝箱 2个玻璃杯　1根20厘米左右的细线
1块肥皂　1卷胶布　水

趣味游戏步骤

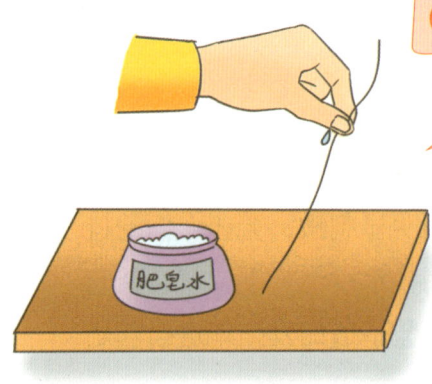

❶ 用肥皂将细线擦拭一遍。

❷ 将细线伸入杯中3厘米左右，并将细线的两端用胶布分别固定在玻璃杯上。

❸ 向其中一个玻璃杯中倒入2/3的水，并用手沾一些水将细线的这端弄湿。

❹ 此时，我们将盛水的杯子用手抬起来，和桌面形成一个角度，将细线稍微拉紧一点儿，但是也不要太紧，以免水滴掉下来。

❺ 过一会儿我们就会发现，水滴在慢慢向空杯中行走，就像是在"走"钢丝一样。

科学告诉你

为什么水会沿着细线到另一个杯子中呢？这主要是因为水表面具有的张力在发挥作用。水表面的张力让水变成水滴，而擦了肥皂的细线不仅不会破坏水面的张力，还会起到润滑的作用，所以水滴就能顺利地沿着细线从一个杯子"走"到另一个杯子中了。

科学在你身边

水蒸气

水蒸气是水的气体形式。当水达到沸点时，水就变成水蒸气。在海平面标准大气压下，水的沸点为 99.974 ℃。当水在沸点以下时，水也可以缓慢地蒸发成水蒸气。而在极低压环境下（小于 0.006 大气压），冰会直接升华变成水蒸气。水蒸气可能会造成温室效应，是一种温室气体。此外，水蒸气不是能源，也不是二次能源，更不是再生能源，水蒸气只是水以气态方式存在的一种表现。

不能吹泡泡的肥皂水

实验百宝箱

1杯肥皂水　1根吸管　1瓶醋

趣味游戏步骤

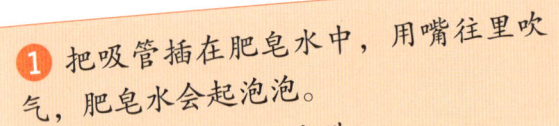

① 把吸管插在肥皂水中，用嘴往里吹气，肥皂水会起泡泡。

② 往肥皂水中滴几滴醋。

③ 用吸管搅拌一下，再次把吸管插到肥皂水中。这次无论怎么吹，肥皂水都不起泡泡了。

科学告诉你

肥皂水含有高级脂肪酸盐等物质，比普通水的表面张力大，所以能够形成泡沫。往肥皂水里加入醋后，高级脂肪酸盐会被醋水解为酸，表面张力下降，所以就不能再起泡泡了。

科学在你身边

洗衣粉

洗衣粉是一种碱性的合成洗涤剂，是用于洗衣服的化学制剂，最早由德国汉高于1907年用硼酸盐和硅酸盐为主要原料发明。

洗衣粉的主要成分是阴离子表面活性剂——烷基苯磺酸钠，少量非离子表面活性剂，再加一些助剂——磷酸盐、硅酸盐、元明粉、荧光剂、酶等，经混合、喷粉等工艺制成，现在大部分用4A氟石代替磷酸盐。

游戏中的科学

让你目瞪口呆的魔法

闻 达 主编

河北出版传媒集团
河北人民出版社
· 石家庄 ·

图书在版编目（CIP）数据

游戏中的科学.2,让你目瞪口呆的魔法/闻达主编.--石家庄：河北人民出版社,2021.10
ISBN 978-7-202-15721-3

Ⅰ.①游… Ⅱ.①闻… Ⅲ.①科学知识—青少年读物 Ⅳ.①Z228.2

中国版本图书馆CIP数据核字(2021)第199845号

前言

科学和游戏密不可分，许多伟大的科学发现就是从游戏中诞生的。牛顿通过玩三棱镜创立了光谱学；门捷列夫用一副扑克牌发现了自然界各种物质间的关系，创立了元素周期表；雷内克从敲木头中得到启发从而发明了听诊器……可以说游戏激发了人们的创新思维和创造力。对于孩子们来说，游戏是学习，是劳动，是行之有效的教育方式。通过游戏，孩子们不仅能将课堂上学到的知识加以实践，学以致用，还能提高自己的认知能力，增强学习兴趣，玩出好成绩，玩出好思维。

科学并没有我们想象的那样难懂和枯燥，它就在我们的身边：它是树上落下的苹果，它是我们看书时戴的眼镜，它还随着空中飘落的雪花一起飞舞……只要我们参与到有趣的科学游戏中，就会发现心中很多的疑惑将得到解答：树上的苹果为什么会向下落？近视眼为什么戴上眼镜就能看清楚远处的物体？空气的重量是怎样测量的？……在奇妙的游戏世界中，你将学到丰富多彩的科学知识，发现其中的科学奥秘。

《游戏中的科学》是一本为广大青少年读者精心编撰的科学游戏书，本书精选了162个有趣的科学小游戏，内容涉及数学、物理、化学、天文、地理、生物等各领域。为了培养实际动手能力，每个游戏都设有"实验百宝箱""趣味游戏步骤"；为使读者更全面深入地理解每个小游戏的科学原理和相关知识，书中还特设了"科学家告诉你"和"科学在你身边"等知识链接，生动地向读者阐释科学原理的细节及应用。同时，书中还为每个游戏提供了详尽的说明和图解，方便读者发现身

边的科学现象,在游戏中走近科学。这些游戏能够帮助读者解开自然科学的秘密,了解自然科学的规律。书中的这些有趣的小游戏操作起来都比较容易,实验所用的材料和工具就在我们的身边。

这些妙趣横生的小游戏看似简单,其中却隐藏着深奥的科学原理,不但可以帮助青少年学习科学知识,激发对科学的巨大兴趣,也可以开阔眼界。本书还是家庭关系的黏合剂、老师的好帮手,家长和老师可以通过书中设计的实验步骤,帮助孩子一起做游戏,分享快乐,成为孩子生活和学习的得力伙伴。

游戏令人快乐,科学使人智慧。在游戏中亲历科学,感受自然奥秘的乐趣。这是一本令广大青少年着迷的科学魔法书,通过一个个精彩有趣又极富创意的游戏,将原本晦涩难懂的科学原理加以形象演绎,从而引领读者走进科学殿堂,揭开科学的神秘面纱,开始一段奇妙的科学探索之旅。

目录

一 令人着迷的磁的世界

哪些东西能抵抗吸引力 \ 2

水下的磁力 \ 4

赛车游戏 \ 6

磁力的对比实验 \ 8

"裹住"磁力 \ 10

磁力强度测试 \ 12

磁力线 \ 14

远距离推车 \ 16

找到北方 \ 18

电磁的魔术 \ 20

电磁铁的秘密 \ 22

失灵的磁铁 \ 24

二 神奇而有趣的化学

会"变脸"的苹果 \ 26

长不熟的西红柿 \ 28

自己动手"染"衣服 \ 30

留住花香 \ 32

密写的书信 \ 34

独特的肥皂蜡烛 \ 36

用橘皮做爆竹 \ 38

热从哪里来 \ 40

神奇的铁钉镀铜 \ 42

一朵火焰变两朵 \ 44

移动的火焰 \ 46

钢刷燃成了灰烬 \ 48

烧不坏的手帕 \ 50

给冰块盖棉被 \ 52

三 力与运动的相互作用

下落实验 \ 54

弹簧秤 \ 56

皮球的反弹 \ 58

水车 \ 60

沙子粉碎机 \ 62

掉入杯中的硬币 \ 64

用滚轴来移动 \ 66

省力地移动 \ 68

重力和运动 \ 70

方向的改变 \ 72

能量的转换 \ 74

会跳水的鸡蛋 \ 76

大豆"炸弹" \ 78

拉不开的毛巾 \ 80

切不破的纸 \ 82

一

令人着迷的磁的世界

　　磁铁具有能吸引钢铁质物品及能吸附在金属表面的力量，它的这一特性几百年来一直让人们着迷。为了了解这些神奇的力量，我们必须首先了解磁铁的结构和特性。下面就让我们把这些带有磁性的物质带到游戏中，去观察和发现它们是怎样中断和阻隔彼此的磁力的吧。

哪些东西能抵抗吸引力

实验百宝箱　　1 块铁片　　1 根木头　　1 块玻璃
　　　　　　　　1 块塑料　　1 块钢板　　1 块布料
1 张纸　　1 个电冰箱门　　1 块与绳子连接在一起的磁铁

趣味游戏步骤

❶ 把准备的所有物品分成两组：金属制品和非金属制品。

❷ 用磁铁依次靠近第一组的物品。

❸ 按照第一组的做法，用磁铁依次靠近第二组的物品。

❹ 用磁铁靠近电冰箱、墙壁和玻璃等表面，你会发现准备的金属物品被磁铁紧紧地吸住了，所有的非金属物品都没有被磁铁吸住。同样，磁铁吸住了有些材质的表面，但是对其他材质的表面并不起作用。

科学告诉你

磁铁是一种钢片或铁片，它拥有一种特殊的能力吸引由钢、铁、镍、钴、铬制造的金属或者材料中包含有少量任意一种上述金属的东西。相反，木头、玻璃、塑料、纸和布料则不会被磁铁的这种力量吸引。磁铁对大体积钢质物品表面也有吸引力，而且可以在这些物品的表面移动。

科学在你身边

磁力与磁黑洞

磁力是磁场对放入其中的磁体和电流的作用力。磁力是电磁场传播，电磁场的速度是光速，磁力作用的速度也是光速。由于还不清楚它的本质，所以仍未知是否存在磁黑洞，且没有观测到足够强大的磁场。且磁力若不能使时空弯曲的话，不会形成磁黑洞。

水下的磁力

实验百宝箱　1 块磁铁　　1 个水壶
　　　　　　　1 枚回形针　水

趣味游戏步骤

❶ 把水倒入壶中，把回形针扔下去。

❷ 把磁铁放在水壶外面，挨着回形针那一侧。当回形针被磁铁吸住的时候，慢慢地把磁铁向上移，你会发现回形针跟着磁铁移动起来，直到磁铁上移的高度超出了水面。用这个方法，你不用弄湿手就能把回形针拿出来了！

科学告诉你

磁铁透过水同样能发挥它的磁力作用。如果水壶是铁质的或者钢质的，回形针仍然会被磁铁吸住，但是磁力的强度会稍弱一些，因为一部分磁力已经被钢铁质水壶吸收了。

科学在你身边

磁铁在水中的作用

因为磁铁的磁力在水中仍然存在，所以磁铁广泛应用于水下装置的建造和维修。比如，工程师们用磁铁将工具和设备安装在安全的地方，在操作中运用磁铁安装机器零部件。现在有很多的沉船里面的东西就是用磁铁吸上来的。

赛车游戏

实验百宝箱

1张卡片	1把剪刀	1卷胶带
几支彩笔	1张大的硬纸板	2根小棍子
2块磁铁	2块小钢片	4本厚书	1张桌子

趣味游戏步骤

① 画两个等大圆角的长方形，并把它们剪下来，然后分别画一辆不同形状的汽车的俯视图，并给它们上色。

② 用胶带把两块钢片分别固定在两张汽车图上。

③ 在硬纸板上画出两条跑道，在每条跑道上都画上起点和终点，并且上色，然后像图中那样，把硬纸板架在书上。

④ 把两辆纸板汽车放在起点上。

⑤ 用胶带把两块磁铁分别紧紧地绑在两根小棍上。

⑥ 把绑着磁铁的两根小棍放在硬纸板下面，分别对应着两辆小汽车。这样，移动小棍，你就能让汽车沿着跑道移动，纸板汽车跟着硬纸板下磁铁的移动，在跑道上奔跑起来。

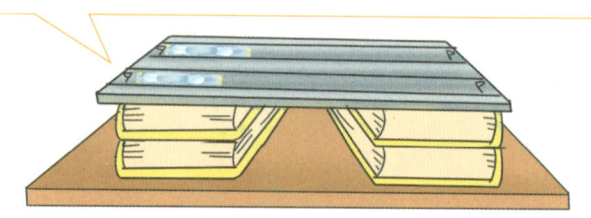

科学告诉你

磁铁的磁力透过硬纸板，吸住了粘在纸板汽车里的小钢片。所以绑着磁铁的小棍一动，小汽车就跟着跑了起来。

科学在你身边

强力磁铁

强力磁铁，是指钕铁硼磁铁。它的磁力大大超过了铁氧体磁铁和铝镍钴、钐钴磁铁。钕铁硼磁铁可以吸附本身重量的640倍的重量，所以钕铁硼磁铁常被称为强力磁铁。

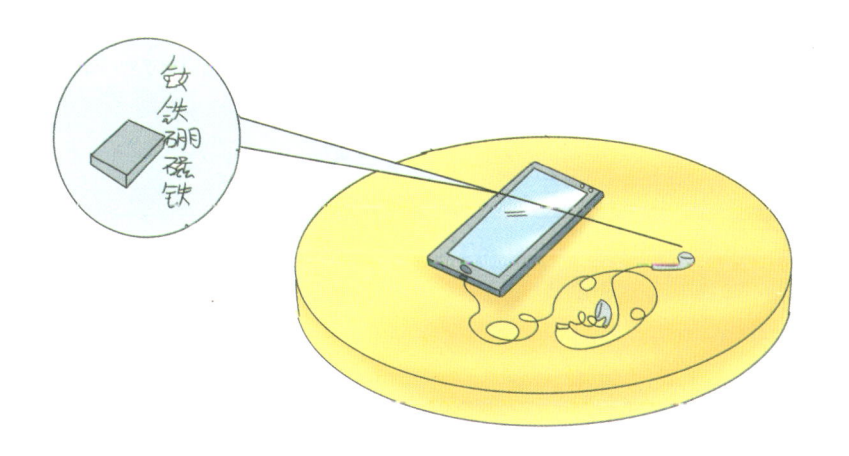

磁力的对比实验

实验百宝箱　3块大小不一的磁铁　　1张桌子
1把尺子　一些钢质或铁质的东西（比如硬币）

趣味游戏步骤

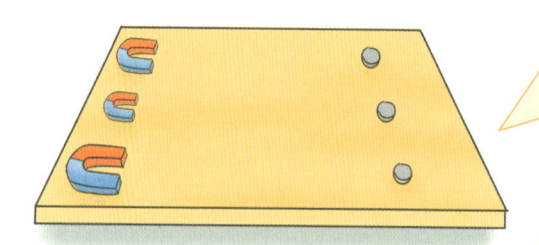

❶ 把大小不一的磁铁放在桌子上，彼此相距大约10厘米。

❷ 把硬币也按步骤1的方式摆放在桌上，让它们对着磁铁，但是保持一定的距离。

❸ 用尺子把硬币逐渐往磁铁的方向推，使硬币与磁铁越来越靠近，你会发现有些硬币几乎立刻就被磁铁吸过去了，而有的硬币只是离磁铁很近的时候才被吸了过去。

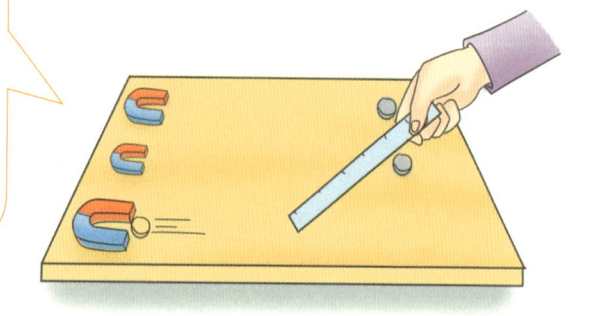

科学告诉你

磁铁对一定距离之外的东西仍产生磁力：磁铁越大，磁力越大，能吸引物体的距离也越远。

科学在你身边

用磁铁搅动

由于磁铁可以在较远的地方发挥磁力，而且能够穿透物质，因此它的这一特性被运用于医学研究中。在化学实验室，科学家们经常需要混合一些很小量、很精细的物质，但是又不能让它们接触任何没有彻底消毒的东西。借助磁铁的帮助，科学家们可以轻易地实现这一点：他们把两个很小的、表面经过消毒处理的金属盘放在试管的底部，在金属盘下面安放一个磁铁。当那些精细的物质放进试管时，磁铁就开始有规律地转动。它转动金属盘，让其中的物质混合，这种装备叫做"搅拌器"。

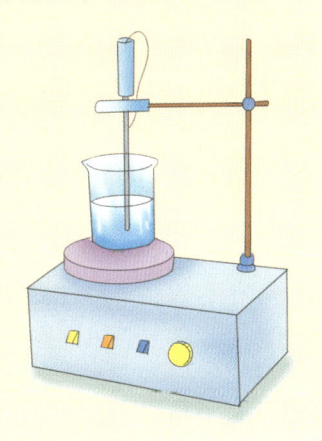

"裹住"磁力

实验百宝箱 1块大号磁铁　　1件铁质的东西
几张报纸　　几张铝箔纸　　一些布料

趣味游戏步骤

❶ 用报纸把磁铁包裹起来，然后去吸铁质物品。

❷ 换其他材料包住磁铁，按照步骤1，依次去吸引那件铁质的东西。

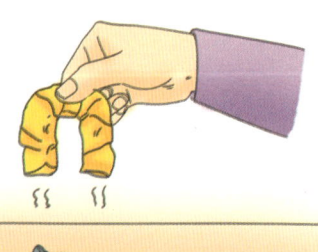

❸ 用相同的材料给磁铁再裹上一层，一层一层往上加，使磁铁的吸力越来越弱。随着一层一层地增加，材料变厚，磁力逐渐消失了。

科学告诉你

虽然磁力可以透过一层薄的材料,但是它并不能透过很厚的材料。这个实验证明,我们可以把磁铁隔离起来,以使那些需要防磁的物体免受磁铁的影响。

科学在你身边

磁铁的消磁方法

大家都知道强力磁铁的磁性很强,特别是大块的强力磁铁,使用时很容易伤到人。那么强力磁铁怎样才能消掉磁性呢?

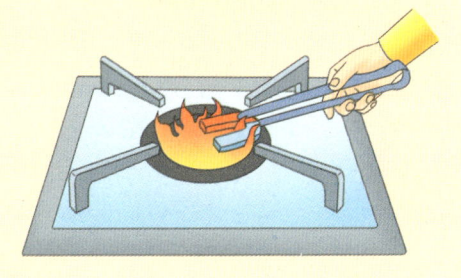

方法很简单,强力磁铁耐温都在80℃以下,我们只要把强力磁铁放在火上烤个几分钟,冷却后你将它放到铁块的旁边,发现它已经失去磁性,再也吸不起来。原因就是强力磁铁之所以具有磁性,是因为强力磁铁中铁原子有规则地排列。在它受热后,铁原子原有的排列乱了,因而也就失去了原有的磁性。同样我们还可以用其他的办法将强力磁铁消磁。

磁力强度测试

实验百宝箱　几个硬纸盒
一些不同形状和不同型号的磁铁
一些钢质或铁质的东西（比如回形针、硬币、钉子）

趣味游戏步骤

❶ 把钢质和铁质的物品按种类分别装在不同的盒子里。

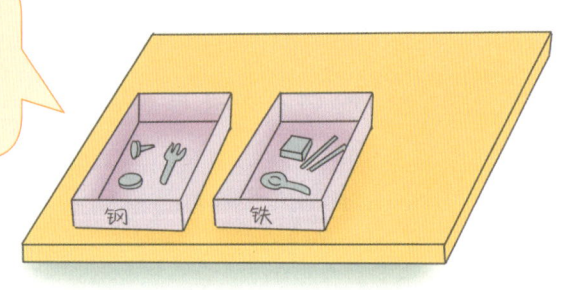

❷ 拿着不同形状和不同型号的磁铁轮流在这些盒子上吸，然后分别数一数每种东西被吸住的数量。你会发现有的磁铁吸的东西比其他磁铁多。

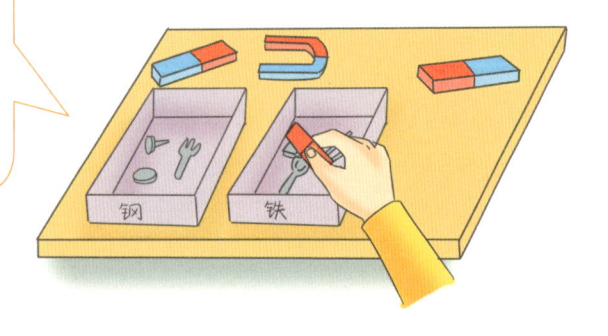

科学告诉你

磁铁的形状影响了磁铁的磁力：马蹄形的磁铁比条状的磁铁磁力大，而条形磁铁的磁力比圆形磁铁的磁力大。形状相同的磁铁，体积越大，磁力越强。

科学在你身边

录音机里的小磁铁

录音机里使用的带子是磁带，这些带子上布满了很容易被吸住的金属氧化物。磁带上不同的磁场类型在机器里的录音磁头上经过。录音磁头由一块磁铁做成，通上电就能开始工作，它将磁带按特定的顺序磁化，因此当磁带经过放音磁头时，就被转化成电子信号，通过扬声器转变成声音。

磁力线

实验百宝箱 1块条形磁铁 1块马蹄形磁铁 2张明信片 一些铁碎屑（能在工厂车间弄到，或者从一块铁上面锉下来）

趣味游戏步骤

❶ 把一张明信片放在条形磁铁上面。

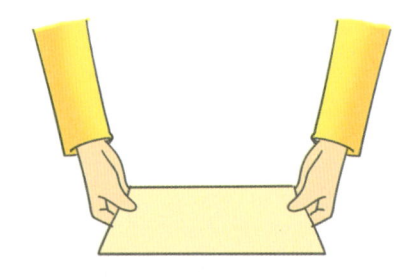

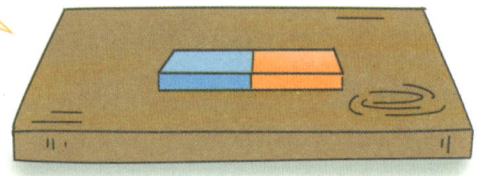

❷ 逐渐把铁屑撒在明信片上，用你的手指轻轻敲一敲明信片。

❸ 在马蹄形磁铁上进行相同的操作，你会发现大部分的铁屑围绕着磁铁的外围，另外少部分则分散在四周。

科学告诉你

磁铁的磁力集中在磁极，也就是磁铁的两端。远离了磁极，磁力就没那么强了。

科学在你身边

磁场

磁铁上的铁屑是围绕着磁铁，依照磁力线分布的，这样我们可以看出磁力活跃的区域，而这个区域就被称作磁场。被磁铁吸住的物体就是被拉进了磁场。磁力按特定的方式分布在磁铁的周围。在上面的实验中，我们撒铁屑的时候是在与地面平行的平面进行的，在与地面垂直的平面同样可以进行这项实验。

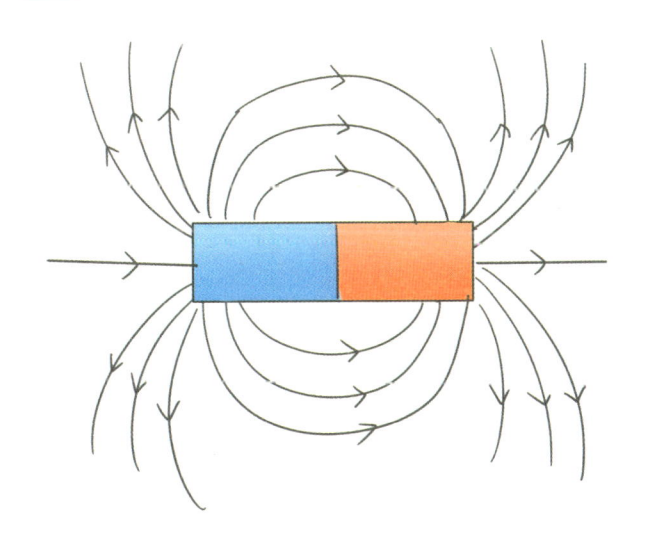

远距离推车

实验百宝箱 2块有相反两极的条形磁铁
1辆玩具卡车　　1卷胶带

趣味游戏步骤

❶ 用胶带把一块磁铁绑在卡车上。

❷ 用另一块磁铁把卡车吸过来。当你用相同的两极靠近卡车的时候，卡车被推动了，当你把不同的两极相互靠近时，卡车朝你的方向移过来。

科学告诉你

卡车的移动是由磁力决定的，它让卡车指向了两个方向——朝着你手中的磁铁的方向（因为异极相吸）和另一个相反的方向（因为同极相斥）。你可以使用这个实验和你的朋友做游戏。

科学在你身边

磁悬浮列车

一些高速列车没有车轮，而是在原本应该有车轮的位置安装了一系列靠近铁轨的磁铁。这些磁铁靠电力工作，同性的两极互相排斥，这样，当磁铁互相排斥的时候，列车就在铁轨上"浮动"起来。也就是说，列车的移动没有任何摩擦，因此它们能达到相当快的速度。

找到北方

实验百宝箱　　1个盆　　　　1块条形磁铁
　　　　　　　　1卷彩色胶带　　水
　1个浅的聚苯乙烯塑料盘（必须要比盆小，在水面上移动的时候不会碰到盆壁）
　（⚠ 注意：检查周围，确定没有钢或者铁做的东西）

趣味游戏步骤

❶ 把盆装满水，在塑料盘的中央粘上磁铁，然后把盘子放在盆里的水面上。

❷ 转动盘子，然后等着它停下来。

❸ 在磁铁两极指着的盆沿上贴上胶带，红的那端贴上红色，蓝的那端贴上蓝色。

❹ 再转动盘子，你会发现当盘子停下来的时候，磁铁两极还是指着与胶带标注的相同的方向。

科学告诉你

地球的磁力太强大了，它使所有能够移动的磁铁一端指向南极，另一端指向北极。

科学在你身边

指南针

最先发现可以利用地球的磁力来指路的是中国人。他们把条形磁铁搁在一块木板上，让木板在水上漂浮，然后观察木板的移动。指南针在欧洲的使用始于公元1200年，可能由阿拉伯人传入。世界上有很多种不同的指南针，但是最为人们所熟知的是磁罗盘。在磁罗盘里，磁针被安装在一个表盘中心的支轴上，以便其旋转。受到地球磁场的影响，磁针指向南方或者北方，这样4个主要的方位（东、南、西、北），还有居中的方位（东北、西南等）就确定了。这些主要的方向和居中的方向都被标示在盘面上，而被涂上颜色的针尖则一直指着北边。

电磁的魔术

实验百宝箱 2节干电池　　1个小灯泡　　几枚小磁针
1个开关　　3根5厘米长的导线

趣味游戏步骤

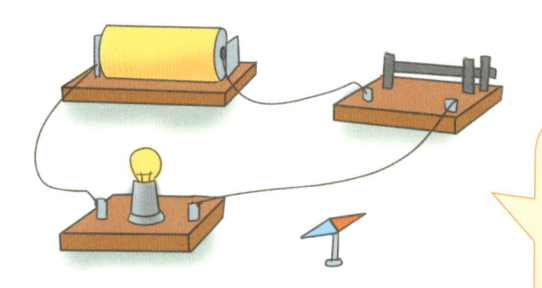

❶ 用导线把一节干电池、小灯泡和开关串联起来,然后把小磁针放在电路附近。

❷ 改变干电池的正负极,你会发现磁针的方向也随之改变。

❸ 将两节干电池串联起来,这时电流增强,磁针的偏转角度也变大。

❹ 将导线再绕二重、三重时,你会发现磁针的偏转角度和幅度会进一步变大。

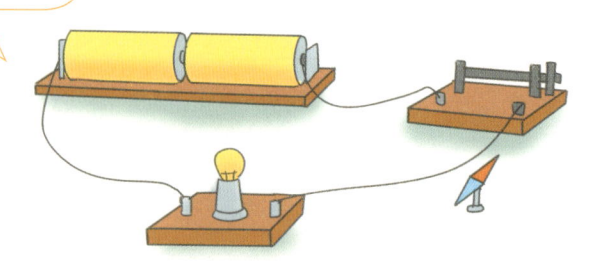

科学告诉你

导线对附近的磁针产生作用力，使其中一极受排斥，另一极受吸引而发生偏转。当改变电池的极性时，磁针方向也会随之改变。改变电流大小和导线线圈的匝数，会使电流周围的磁场强度进一步增大，所以磁针的偏转角度和幅度也会进一步变大。

科学在你身边

横着走的螃蟹路

螃蟹横着走路的原因众说纷纭，有人认为螃蟹主要依靠地磁场来判断方向。在地球形成以后的漫长岁月中，地磁南北极多次倒转。螃蟹的内耳有定向小磁体，对地磁非常敏感。地磁场倒转使螃蟹体内的小磁体失去了原来的定向作用。为了生存下来，螃蟹既不前进，也不后退，最终选择了横着走路。

电磁铁的秘密

实验百宝箱

1颗铁钉　　2根铜线（其中一根要很长）
1节4.5伏的电池　　胶带　　1盒大头针
1个小开关

趣味游戏步骤

❶ 把长铜线紧紧绕在铁钉上，至少绕10圈，然后用胶带固定。

❷ 把绕好的铜线一端接到4.5伏的电池上，另一端接到小开关上。
❸ 将开关的另一端和电池用短铜线连接。
❹ 闭合开关，把铁钉移到一堆大头针上，观察会发生什么现象。打开开关，又会出现什么现象。
❺ 当开关闭合时，铁钉就会把大头针吸起；当开关打开时，大头针就会掉下来。

科学告诉你

当开关闭合时，电流通过电路，把电路中的铜线变成了弱的磁铁，由于部分铜线被绕成线圈，便将磁性聚集起来，产生了一股强大的磁力，能把铁钉变成磁铁。这种磁铁只有当电流通过的时候才有磁力，因此，开关打开后，磁力消失，大头针就掉了下来，这就是简单的"电磁铁"。

科学在你身边

磁与电

人们曾经认为磁和电是两种独立的现象。但是，在18世纪初，荷兰物理学家汉斯·奥斯特和法国科学家安德烈·安培证实了这两者之间有着紧密的联系。如今，现代科技将电磁学很好地用在涡轮机、发动机、录音录像机、电话机、医疗设备和其他更多方面。比如说，一台发电机在紧急情况下，可以用开关切断电流。

失灵的磁铁

实验百宝箱

1块磁铁　1盒火柴　1个夹子　1支蜡烛　一些小铁钉

趣味游戏步骤

❶ 拿磁铁来吸小铁钉，很容易就吸起来了。

❷ 把磁铁和铁钉分开，用火柴点燃蜡烛。
❸ 用夹子夹起磁铁在火焰上烤5分钟，然后取下放置在一边，等冷却。
❹ 拿磁铁去吸小铁钉，你会发现加热过后的磁铁就不能将小铁钉吸起来了。

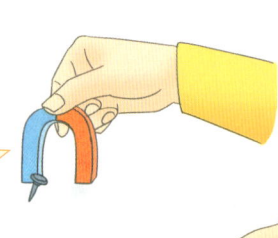

科学告诉你

加热后磁铁不能吸起小铁钉是因为磁铁的磁性消失了。磁铁之所以具有磁性，是因为磁铁中的原子是有规律地排列的。然而，当磁铁受热并达到一定的程度后，原子的规律排列就被打乱了，磁铁就失去了原有的磁性，所以，就失灵了。

科学在你身边

电饭锅为什么会自动断电

电饭锅底部中央装有磁铁和临界点为105℃的磁性材料。在煮饭过程中，因为水的最高温度约为100℃，所以锅内的温度会被限制在100℃以内。当饭煮好了，锅里的水分减少，锅里的温度就会上升，当达到105℃时，磁性材料的磁性消失，磁铁对它失去了吸力，磁铁和磁性材料间的弹簧就会把它们分开，从而断开电源。

二

神奇而有趣的化学

自从有了人类,化学便成了人类生活的一部分。人类对化学的探索也在不断发展。一个东西变成另一个东西,一个物体由原来的形状变成另外一种形状,这就是化学的力量。下面,就让我们一起进入神奇而有趣的化学游戏中吧。

会"变脸"的苹果

实验百宝箱

1个苹果　　1把水果刀　　1个碗
1双筷子　　1个盘子　　　水　　食盐

趣味游戏步骤

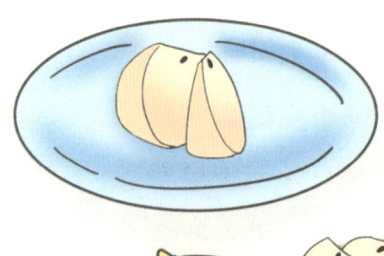

❶ 将苹果用水果刀去掉皮，然后分成4等份。

❷ 在碗中加入适量食盐，然后倒入水，用筷子搅拌均匀。

❸ 将两块苹果放进盐水中浸泡，5分钟后取出，然后在盘子中再放5分钟。

❹ 另外两块苹果放在盘子中，不做任何处理。

❺ 此时你会发现，没有浸泡过盐水的苹果表面逐渐变成了褐色，而被盐水浸泡过的苹果依然还是原来的颜色。

科学告诉你

这主要是因为当我们将苹果皮去掉之后，苹果里面含有的氧化酶等物质促使果肉中的物质被氧化、变色，于是苹果表面变成了褐色。当我们将苹果放在盐水中浸泡后，盐水就会减缓这些反应的发生，从而让苹果保持原来的颜色。

科学在你身边

乙醇

乙醇作为饮料和调味剂广为利用。人类摄入的乙醇可被胃（吸收30%）和小肠上段（吸收70%）迅速吸收。吸收后的乙醇90%—98%在肝脏代谢，其余在肾脏进行代谢。酒精有轻度的麻醉作用，能使人产生心率加快、面红耳赤等反应。饮酒过量会导致人恶心呕吐等生理反应，这些效应放大而使人在意识和行动上失去自我控制。这些作用效果其实并不完全是由乙醇直接导致的，很多是由乙醇脱氢氧化产物乙醛刺激机体产生肾上腺素、去甲肾上腺素等产生的生理反应。

长不熟的西红柿

实验百宝箱　　1 株生长中的西红柿　　1 碗热水

趣味游戏步骤

❶ 在一株西红柿上找一个还未成熟的西红柿。

❷ 端来一碗热水，把挑好的西红柿放在热水碗里浸泡三四分钟。

❸ 几天后，你会发现，其他的西红柿都变红了，而被热水浸过的西红柿仍然是绿色的。

科学告诉你

西红柿中含有酵素（一种催化剂），酵素会产生乙烯气体，从而催熟西红柿。而西红柿被热水浸泡过后，西红柿中的酵素会被破坏，无法产生乙烯气体催熟西红柿，所以这个西红柿会长久地保持绿色。

科学在你身边

挑选自然熟水果

买水果时应优先选择应季的及本地产的。本地水果不仅成熟度好，营养价值损失小，而且不需用保鲜剂处理，污染较小。另外，买的时候谨记一看二闻三掂量。自然成熟的水果，像是蜜瓜、西瓜之类的水果，由于生长环境通常光照充足，自然成熟的果实，瓜皮花色深亮、条纹清晰、瓜蒂老结，大多在表皮上能闻到一种果香味，催熟的水果就没有果香味。同一品种、大小相同的水果，催熟的水果和自然成熟的水果相比要重些。

自己动手"染"衣服

实验百宝箱

1件有色的旧衣服　1瓶漂白液　1副橡胶手套
1个塑料盆　　　　几根塑料绳

趣味游戏步骤

❶ 将准备好的旧衣服拧成圆柱状，并用塑料绳紧紧地捆住四五处。
❷ 将漂白液倒入塑料盆中，并加入少量水略稀释。
❸ 将捆好的衣服放入水盆中，浸泡约30分钟。

❹ 30分钟后，戴上橡胶手套将衣服拿出，并将塑料绳解下来。
❺ 衣服变成了全新的样子，衣服未被塑料绳遮住的部分已经褪除了颜色。

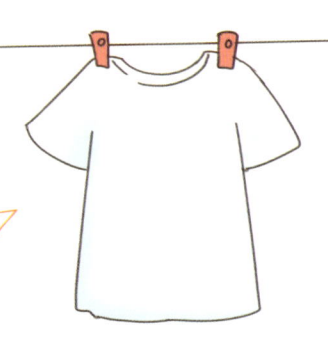

科学告诉你

漂白液具有很强的分解作用,它与衣物中的染料作用,很容易将染料分解,于是衣物便褪色了,但它无法与化学性质很稳定的塑料发生反应,加之我们将塑料绳捆得很紧,于是被捆住的部分就被塑料绳"保护起来"了,便不会褪色,就出现了以上的情形。

科学在你身边

染色剂

在我们的日常生活中,为了改变一些物体的颜色或得到一些新的颜色,通常会选用合理的染色剂。在选择适当的染色剂后,我们就能得到我们所想要的颜色。染色剂依据来源可分为天然染色剂和人工合成染色剂,各种不同的实验选择不同的染色剂,同一种染色剂也可以用不同的配方进行调配制成。

留住花香

实验百宝箱　1个玻璃碗　1根小木棒　1个磨砂玻璃瓶
1瓶酒精　花瓣

趣味游戏步骤

❶ 到公园中捡一些掉落的花瓣，越多越好。（⚠ 注意：不要捡已经干枯的花瓣）

❷ 将采集到的花瓣放到玻璃碗中，用小木棒将其捣碎。

❸ 将捣碎的花瓣放进磨砂玻璃瓶中，然后倒入适量酒精，并将瓶口密封好。

❹ 放置一周之后，将瓶子打开，我们就会闻到花的香味了。

科学告诉你

我们可以闻到花的香味主要是因为花瓣中含有香味的物质会溶解到酒精中。因为酒精具有挥发的特性，所以当我们打开瓶子后，花中含有香味的物质就会随着酒精的挥发而飘散到空气中，这样我们就可以闻到花的香味了。但是要注意，酒精是极易挥发的，因此我们要密封保存。

科学在你身边

香水

香水是香精的酒精溶液，再加适量的香料等形成的混合物，具有芬芳浓郁的香气，主要作用是喷洒于衣襟、手帕及发际等部位，散发怡人的香气，是重要的化妆品之一。人们通过调配香精的技术与艺术，可以配制出不同类型的香水。

密写的书信

实验百宝箱　1个碟子　1支毛笔　1张白纸
1支蜡烛　少许食用醋或柠檬汁

趣味游戏步骤

① 往碟子里倒少许食用醋。
② 用毛笔蘸上食用醋后在白纸上写一封简短的信。
③ 将写好信的纸放在桌子上晾干，看一看，纸上的字还能看见吗？

④ 点燃蜡烛，手拿白纸小心地在蜡烛火焰上方烘烤。
⑤ 写好信的纸晾干后，纸上的字迹就消失了。将晾干的纸放在蜡烛火焰上方烘烤后，纸上的字会逐渐清晰并变成黄褐色，我们又可以看清纸上密写的书信了。

科学告诉你

用食用醋或柠檬汁在纸上写字后，它们与纸发生化学反应，使纸上写了字的部分变成了一种类似赛璐玢（一种化学薄膜）的物质，但我们用肉眼却很难分辨出来。所以纸上的字迹晾干后我们看不见了。当我们用火焰烘烤后，因为写字部分的燃点低于纸张本身，所以写字的地方先烧焦，呈黄褐色，这时我们就可以看清纸上密写的书信了。

（⚠ 注意：本实验需要成人协助）

科学在你身边

糖果爆破反应

氯酸钾与糖果或其他糖源反应时，会产生紫罗兰色的火焰和大量的热量，这种反应已经在焰火中使用了几个世纪。糖含有大量的能量，人的身体通过逐渐打断糖分子中的化学键，慢慢地释放这种能量。然而，当所有的化学键同时断裂时，大量的能量会在短时间内以光和热的形式释放出来。

独特的肥皂蜡烛

实验百宝箱 1把小刀　1个小玻璃杯　1块肥皂
1瓶白醋　1口不锈钢锅
1根比玻璃杯长2厘米的粗棉线

趣味游戏步骤

❶ 用小刀将肥皂切成小碎块放入一口不锈钢锅中，加一些水，放到炉火上加热溶解。

❷ 在肥皂溶液中加些白醋，继续在炉火上加热搅拌，直到肥皂溶液变成黏稠的糊状。这个黏稠液体中的主要成分是脂肪酸钠。

❸ 关闭炉火，待温度降低一些后，将溶液倒入玻璃杯里，并插入准备好的棉芯，让棉芯有一小节保留在溶液外面。

❹ 等待溶液凝固后，点燃棉芯，一个肥皂蜡烛就做好了。

科学告诉你

肥皂的主要成分是脂肪酸钠。实验中，我们把醋加入肥皂液并加热，就把不溶于水的脂肪酸钠分离出来了，然后再插上棉芯冷却凝固后就制成了肥皂蜡烛。虽然它的成分和现在我们在商店里买的由石蜡制成的蜡烛不同，但一样可以燃烧。

（⚠注意：本实验需要成人协助）

科学在你身边

手工皂

手工皂是使用天然油脂与碱液，用人工制作而成的肥皂。基本上是油脂和碱液起皂化反应的结果，经固化、熟成程序后可用来洗涤、清洁。手工皂还可依据个人的喜好与目的，加入各种不同的添加物，例如牛乳、精油、香精、花草、中药材等。

用橘皮做爆竹

实验百宝箱 1盒火柴　　1支蜡烛　　1个橘子

趣味游戏步骤

❶ 将橘子剥开，橘皮备用。

❷ 在一间黑暗的房间里点燃一支蜡烛，然后用双手使劲捏橘子皮，接着拿它靠近蜡烛。

❸ 结果你不但看到了漂亮的火花，而且听到了类似爆竹燃放的声音。

科学告诉你

橘子皮含有大量挥发性很强的植物油,当橘子皮靠近烛火的时候,那些已经挥发到空气中的植物油就会剧烈地燃烧,从而发出火花,产生爆裂声。

(⚠ 注意:本实验需要成人协助)

科学在你身边

爆竹

爆竹起源至今已经有2000多年的历史。在没有火药和纸张时,汉族人使用火烧竹子,使之爆裂发声,以驱逐瘟神,因竹子焚烧发出"噼噼啪啪"的响声,故称爆竹。这虽是汉族民俗传说,但却反映了汉族人民渴求平安幸福的美好愿望。在现代的传统节日、婚礼喜庆、各类庆典等场合几乎都会燃放爆竹,特别是在春节期间,家家户户都会燃放爆竹来欢庆节日。不过,近年来为了保护大气环境,我国很多地方都禁止燃放爆竹了。

二、神奇而有趣的化学

热从哪里来

实验百宝箱　　1个塑料托盘　　1把勺子　　水　　石膏粉

趣味游戏步骤

❶ 把石膏粉倒入托盘中,加水,搅拌直到产生浓稠的糊状物。

❷ 将其放置大约1个小时。
❸ 石膏变硬,托盘壁发热。

科学告诉你

石膏变硬的过程是由于石膏粉与水产生了化学反应。这个反应的一个产物就是热量。

科学在你身边

石灰

石灰是一种以氧化钙为主要成分的气硬性无机胶凝材料。石灰是用石灰石、白云石、白垩、贝壳等碳酸钙含量高的产物，经900℃—1100℃煅烧而成。石灰是人类最早应用的胶凝材料。石灰在土木工程中应用范围很广，在我国还可用在医药方面。

神奇的铁钉镀铜

实验百宝箱 1个小碗　1根铜丝　1杯柠檬汁
1颗铁钉　1片砂纸　少许食盐

趣味游戏步骤

❶ 在小碗中放入一些食盐，把铜丝放进去，倒入柠檬汁，直到把铜丝完全浸没，放置5分钟。

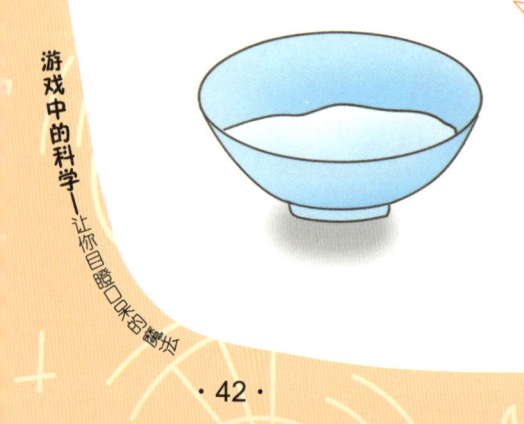

❷ 将铁钉用砂纸抛光，放进浸泡过铜丝的柠檬汁中。

❸ 将铁钉在柠檬汁中浸泡20分钟后取出，会发现铁钉表面镀上了一层锃亮的铜。

科学告诉你

铜丝和柠檬汁中的酸起反应,生成柠檬酸铜。当加入铁钉后,铁又把柠檬酸铜中的铜置换出来,铁钉表面起了变化,铜便附着上去了。

科学在你身边

置换反应

置换反应是单质与化合物反应生成另外的单质和化合物的化学反应,是化学中四大基本反应类型之一,包括金属与金属盐的反应,金属与酸的反应等。

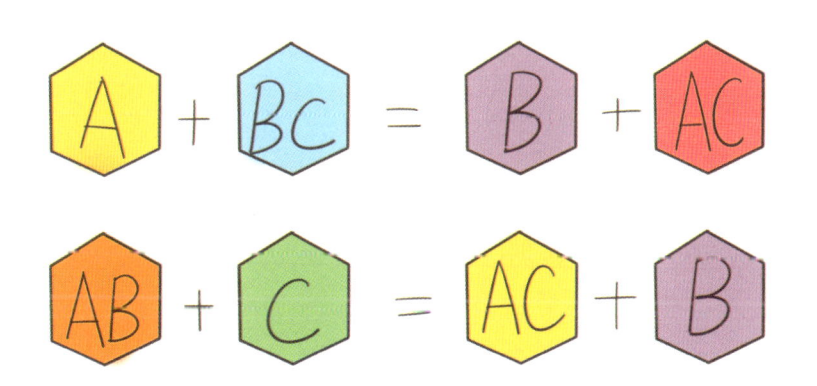

$$A + BC = B + AC$$

$$AB + C = AC + B$$

一朵火焰变两朵

实验百宝箱 　1支蜡烛　　1根中空的玻璃管
　　　　　　　　1根铅丝　　1盒火柴

趣味游戏步骤

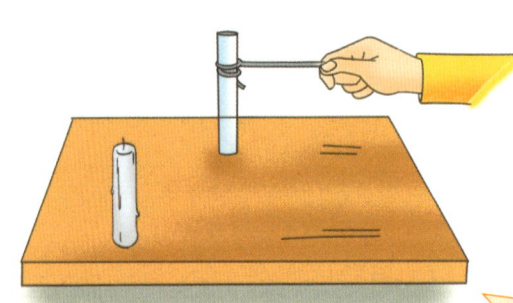

❶ 将蜡烛固定在桌子上面，另外用铅丝将玻璃管固定住，使铅丝成为一个柄。

❷ 点燃蜡烛，拿起玻璃管，把它的一端放到烛火的火焰中间，再用点燃的火柴去另外的一端引燃，另外一端的管口也会冒出一朵火焰，这时一根玻璃管便出现了两朵火焰。

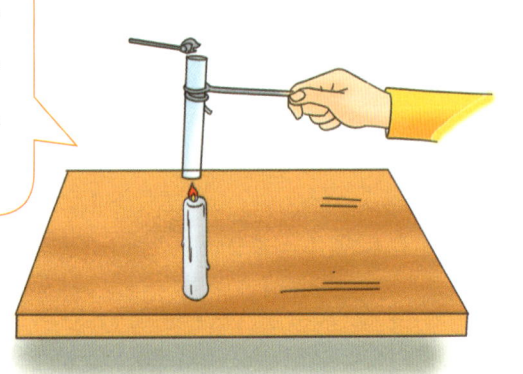

科学告诉你

烛火的火焰中心，有一些未曾燃烧的碳氢化合物（蜡烛油的蒸气）。把玻璃管插上去的时候，它便从管子里"逃"出。这时用火一引，它便在另外一头燃烧起来。但是，如果拿玻璃管插在火焰的旁边，就引不着了，因为火焰旁边没有可供燃烧的碳氢化合物。

科学在你身边

打火机和火柴的点火原理相同吗？

原理是相同的。用打火机打火时，手指要按打火机的齿轮，齿轮就会摩擦火石，产生足够的热量，迸射出火花。火石里含有火点比较低的物质，即金属镧和铈。它们所起的作用与火柴盒上的红磷相似，稍加摩擦，便能点火燃烧。所以说，打火机和火柴的点火原理相同。

移动的火焰

实验百宝箱　　1 个残留一点白酒的酒瓶　　1 盒火柴
1 盒香烟

趣味游戏步骤

❶ 用火柴点燃香烟，将香烟的烟雾慢慢地吹进酒瓶中。

❷ 用手盖住瓶口，并摇晃一下瓶子。

❸ 关上房间里的灯或拉上窗帘，用点燃的火柴去接近瓶口。

❹ 结果听见"嘭"的一声，并看见有淡蓝色火焰从瓶口向下移动。

科学告诉你

酒瓶中残留一些酒精，而香烟的烟中含有碳的微粒子。酒精和碳的微粒子碰到一起，遇到明火，就会燃烧。火焰随着酒瓶壁向下移动，当酒瓶壁上面的酒精全部燃烧之后，火焰才会熄灭。

科学在你身边

为什么易燃液体不能放在冰箱里？

冰箱内的启动继电器在启动时会产生电火花，虽然电冰箱内温度较低（有的可达 $-20℃$），但一些易燃液体的闪点更低（如乙醚的闪点为 $-45℃$）。如果易燃液体的密封差，挥发出的易燃蒸气与电火花接触就会发生火灾或爆炸事故。所以，不能把易燃液体放在冰箱里保存。

钢刷燃成了灰烬

实验百宝箱　1个干燥的钢刷　　1盒火柴
　　　　　　　1张铝箔　　　　　1个碟子

趣味游戏步骤

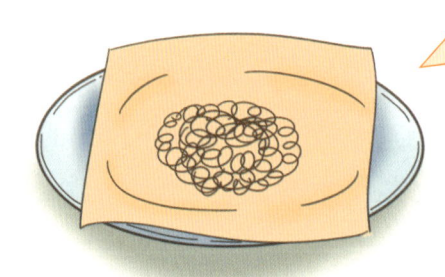

❶ 取一小个钢刷，将其拨松弄散。

❷ 把一张铝箔摊平并覆盖在碟子上，放上钢刷。

❸ 关掉房间的灯或拉上窗帘，然后用火柴点着钢刷。只要钢刷足够蓬松和干燥，它就会燃烧起来。

科学告诉你

大家平时觉得钢铁是不会燃烧的，其实只要满足一定条件，钢铁也会燃烧。虽然钢铁的燃点在 1200℃以上，但是由于钢刷是由极细而薄的钢丝做成的，质量小而表面积大，弄松以后燃烧时氧气供应充足，可燃温度就降低了几百度，因此用火柴就可以点燃。

科学在你身边

水能燃烧吗？

燃烧是可燃物质与氧气在一定条件下进行的激烈化学反应。酒精、汽油、煤油都含有碳和氢，是可以燃烧的。它们燃烧时与氧气发生反应，生成二氧化碳和水。而水是这些物质燃烧后生成的产物，不具有与氧气结合的性质，所以不能燃烧。

烧不坏的手帕

实验百宝箱　1 块棉手帕　1 瓶浓度为 75% 的酒精
　　　　　　　1 把尖嘴钳　1 盏酒精灯
　　　　　　　1 个玻璃杯　1 个装有水的脸盆　1 盒火柴

趣味游戏步骤

❶ 把手帕放在杯子里，倒入酒精。
❷ 用火柴点燃酒精灯。
❸ 用尖嘴钳夹出手帕，靠近酒精灯的火焰，可以看到手帕立即被点燃了。

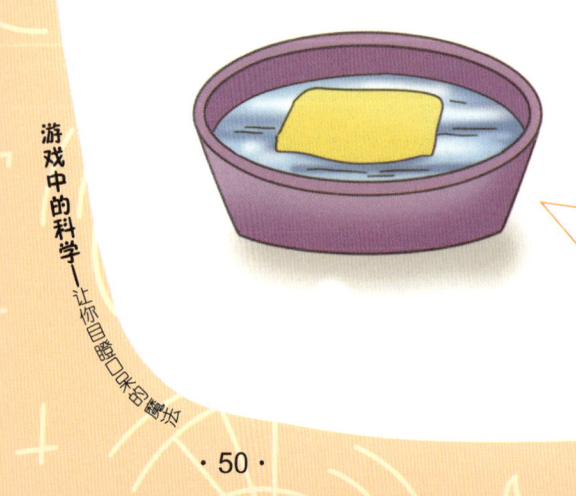

❹ 在手帕所浸的酒精快燃尽时，把手帕放进盛有水的脸盆。我们会发现手帕并没有被烧坏。

科学告诉你

浸泡手帕的酒精包含纯酒精和水。火焰以酒精为燃料，酒精在手帕表面燃烧。即使某个区域的酒精燃尽了，由于手帕中的水会蒸发，维持手帕的表面温度始终不会达到燃点。因此，燃烧的只是酒精，而手帕没有燃烧。

科学在你身边

用酒精擦洗物件

酒精是很好的清洗剂，其特点是去污效果强、易挥发，它不仅能有效去除电器表面的各种污渍，而且对一些电子元件的内部污迹也能有效清除，同时又不影响电器的使用性能。但是，不要长时间用75%的酒精消毒，因为同种消毒液长时间使用可能会造成菌体对此的耐抗性，因而会降低甚至失去杀菌作用。

给冰块盖棉被

实验百宝箱

2个碗　　2块冰　　1床小被子

趣味游戏步骤

❶ 将两个碗放在桌子上，取两块冰，每个碗里各放入一块。

❷ 一个碗用小被子盖着，另一个不盖。

❸ 过一会儿，掀开被子，你会发现盖小被子的碗里的冰块没有融化，没盖被子的碗里的冰块先融化了。

科学告诉你

被子主要是用棉花做成的，棉花是热的不良导体，可以起到隔热的作用。冰块盖上了被子，就防止了热的对流、辐射和传导，将热空气阻挡在外面，所以冰块就会融化得很慢。

科学在你身边

热交换

棉被的作用是保温隔热，不与外界发生热交换。正如我们冬天穿的棉衣一样，棉衣本身并不产生热量，只是由于我们人体有温度，在棉衣的作用下，我们人体不会与外界发生很多的热交换，从而达到保温的效果。

三

力与运动的相互作用

　　力无处不在，正因为有力，世界才能不断地运动，万物才会生生不息。力与运动的相互作用是事物之间或事物内部因素之间联系的一种表现形式。相互作用由作用和反作用两方面构成，作用和反作用是不可分离的。

下落实验

实验百宝箱　2张同样大小的纸　一些扑克牌　1把椅子

趣味游戏步骤

❶ 把其中一张纸搓成球。
❷ 站在椅子上，在同一高度使纸团和纸张同时自由下落，你会发现纸团更快到达地面并直线落地，而摊开的纸张则慢慢地、路线曲折地飘落。

❸ 在同一高度使两张扑克牌以不同的状态同时自由下落，你会发现牌面平行于地面的要比牌面垂直于地面的下降得慢。

科学告诉你

如果没有空气,所有的物体都会在地心引力的作用下以相同的速度直线落地。然而空气阻碍了它们的下落:物体的表面越大,受到的空气阻力就越大,下降得也就越慢,下降路线越不呈直线。

科学在你身边

降落伞

地球引力吸引着降落伞向地面下落,然而聚集在伞盖下的空气却阻碍并减缓了它的降落。降落伞的伞盖越大,受到的空气阻力就越大,但同时张开的伞盖又能够让空气从伞盖下流出。事实上,如果空气不能够从伞盖旁流出,降落伞就会由于聚集的空气过多而飘浮在空中。

弹簧秤

实验百宝箱

1 块薄木板（规格：30 厘米 × 40 厘米）
1 段细绳子　　1 张白纸　　　1 个酸奶杯
1 颗钉子　　　1 根橡皮筋　　1 支记号笔
1 把剪刀　　　一些小物件　　胶水

趣味游戏步骤

❶ 在大人的帮助下把钉子钉在木板上方，把木板挂在或靠在墙上，并使其保持垂直状态。

❷ 把橡皮筋挂在钉子上。

❸ 用剪刀在酸奶杯杯口处剪 3 个小孔，并在每个孔中穿入长约 10 厘米的细绳，把绳子的末端打上结，与橡皮筋连接在一起。

❹ 把白纸贴在木板上，并使其位于橡皮筋后面，用记号笔在白纸上标出橡皮筋位置。

❺ 把小物件依次装进酸奶杯时，用记号笔逐次标出橡皮筋静止时的位置，你会发现随着杯子渐渐被装满，橡皮筋逐渐向下拉伸。

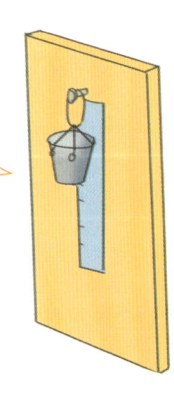

科学告诉你

你制作的实际上是一个弹簧秤。橡皮筋在逐渐伸长的过程中，测量出了物体所受到的重力——地球对物体施加的向下的引力。物体的重力根据地球引力的变化而变化：引力越大，物体重力越大，橡皮筋也就越长。

科学在你身边

重量和质量

因为质量相同的物体也许重量不同，所以质量和重量的测量单位不同：重量与其他力的单位一样，是牛顿（N）。日常使用的秤称出物体的重力然后直接转化，用质量的单位表示，即千克（kg），秤上的刻度是千克单位的倍数或约数。

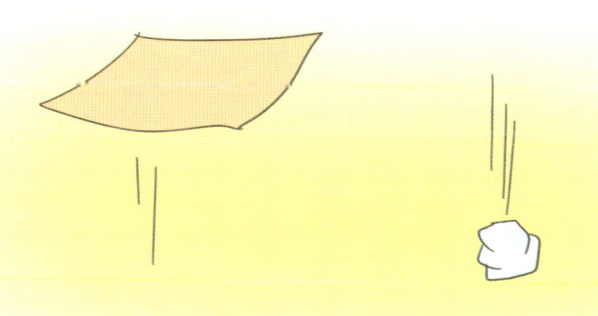

质量相同，重量不同

皮球的反弹

实验百宝箱 　1个小皮球　　1个铺着沙子的平面
其他的平面：大理石的，木质的，铺着毯子的……

趣味游戏步骤

❶ 测试皮球从同一高度落在不同平面上的效果，观察皮球弹起的次数和反弹的高度。

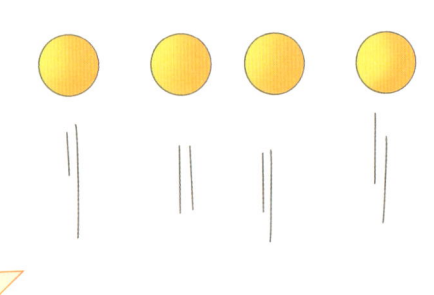

❷ 让皮球从不同的高度落在铺着沙子的平面上。你会发现皮球在木质的或大理石的表面反弹效果好；在铺着毯子的表面弹起很少；在沙子中静止并形成坑，越从高处落下，皮球形成的坑就越深。

科学告诉你

皮球在下降过程中积累了重力势能,在与平面相碰撞的时刻释放,使小球弹起,但这只会在坚硬的表面上发生。在坚硬的表面上,因为重力势能的作用,皮球会被压扁,所以会反弹,恢复原来的形状。如果表面不是坚硬的,球的重力势能会被表面吸收,用来使自身发生位移:球从越高的地方落下,速度越快,沙子吸收用来位移的能量也就越大。

科学在你身边

蹦蹦床

人们在玩蹦蹦床时,当人体落下时弹簧吸收动能,转化为弹簧的弹性势能,弹簧的弹性势能又转化为人体的重力和动力势能,人就被弹起来了!在人跳起时,弹簧的弹性势能转化为人的动能,叠加上人的双腿做的功,使人跳得更高。

水车

实验百宝箱 　1个卷筒　　1支记号笔　　1把剪刀
　　　　　　　　1瓶胶水　　1个盥洗池　　1张硬纸板

趣味游戏步骤

❶ 把硬纸板裁成4个与卷筒同高的长方形，长是宽的2倍，用笔标出长边的中线。

❷ 沿标记线折起纸板，把折起来的一面粘在卷筒上，另一面垂直于卷筒表面。

❸ 用笔沿轴穿过卷筒，然后拿着这个小水车置于水流下，使叶片垂直于水流，你会发现水流使小水车转起来了。

科学告诉你

由于引力的作用,水流的重力势能在碰到叶片的时候发生转化,使粘在卷筒上的叶片运动。水车叶片获得了水的重力势能,因为水车不是坚硬且固定的,因此,重力势能发生位移,使叶片绕着固定的轴(笔)转动。

科学在你身边

水碓

水碓,又称机碓、水捣器、斗碓或鼓碓,中国多数农村地区的一种借水力舂米的农用器具,建造在河流旁边,是脚踏碓机械化的结果。水碓的动力机械是一个大的立式水轮,轮上装有若干板叶,转轴上装有一些彼此错开的拨板,拨板是用来拨动碓杆的。每个碓用柱子架起一根木杆,杆的一端装一块圆锥形石头,下面的石臼里放上准备加工的稻谷。流水冲击水轮使它转动,轴上的拨板就拨动碓杆的梢,使碓头一起一落地进行舂米。利用水碓,可以日夜加工粮食。

沙子粉碎机

实验百宝箱　1 小袋沙子　　1 杯水
　　　　　　　1 个盘子　　　十几粒葵花子

趣味游戏步骤

❶ 剥开葵花子，把瓜子仁放在盘子里。
❷ 往放瓜子仁的盘子里倒水，使瓜子仁浸泡一会儿。

❸ 取出瓜子仁放进装有沙子的袋子里。
❹ 用手不停地揉搓袋子，然后观察瓜子仁有什么变化。
❺ 你会发现，瓜子仁在与沙子的摩擦中被磨碎了。

科学告诉你

瓜子仁本身就比较脆，再经过水的浸泡，其质地自然变松软，而沙子本身的质地坚硬，加上外力的相互揉搓，沙子的棱角摩擦着质地松软的瓜子仁，瓜子仁自然被磨碎。

科学在你身边

爱吃沙子的鸡

水碓，又称机碓、水捣器、斗碓或鼓碓，中国多数农村地区的一种借水力舂米的农用器具，建造在河流旁边，是脚踏碓机械化的结果。水碓的动力机械是一个大的立式水轮，轮上装有若干板叶，转轴上装有一些彼此错开的拨板，拨板是用来拨动碓杆的。每个碓用柱子架起一根木杆，杆的一端装一块圆锥形石头，下面的石臼里放上准备加工的稻谷。流水冲击水轮使它转动，轴上的拨板就拨动碓杆的梢，使碓头一起一落地进行舂米。利用水碓，可以日夜加工粮食。

掉入杯中的硬币

实验百宝箱　　1个水杯　　1张扑克牌　　1枚硬币

趣味游戏步骤

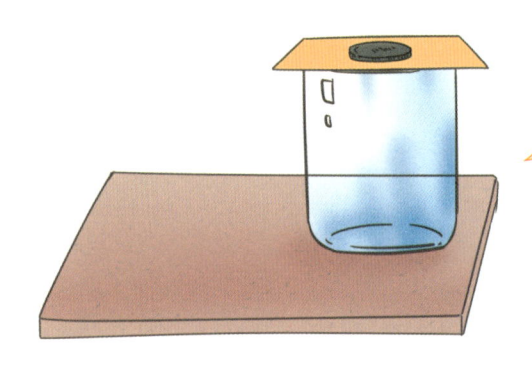

❶ 把扑克牌放在水杯上，再把硬币放在牌中央。

❷ 用指尖干脆地弹击扑克，使其水平地向前弹出，你会发现扑克飞了出去，硬币却没有跟着扑克一起运动，而是掉进了杯子里。

科学告诉你

硬币比纸牌更重，有着更大的惯性——物体保持其原来静止或运动状态的趋势。你指尖的力量使纸牌克服惯性并且运动，而硬币因惯性较大则保持不动，没有和纸牌一起向前飞出而是掉入杯子里。

科学在你身边

惯性和交通工具

乘坐速度很快的交通工具，乘客会感觉被向后拽，就好像身体想要保持原来静止的状态，而不是跟着交通工具一起运动。因此如果急刹车，乘客的身体又会向前甩出，就好像想要继续前进。这种身体不受外力影响而依然保持静止或匀速直线运动状态的趋势就是惯性。惯性会造成交通工具上乘客的安全隐患，这就是要采用安全设施的原因，例如车内的扶手、安全带和婴儿椅等。

用滚轴来移动

实验百宝箱　1个测力计（弹簧秤）　1根结实的细绳
　　　　　　　1本厚重的书　4支圆柱状的笔　1张实验桌

趣味游戏步骤

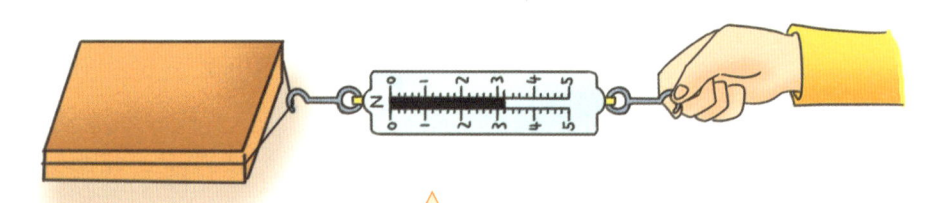

❶ 如图所示，将细绳固定在书上，把书放在桌子上，用弹簧秤钩着它。

❷ 用弹簧秤拉书，直到刚好能使它移动。读出用了多大的力。

❸ 在书下面垫上4支圆柱状笔重复步骤2，读出在这种状态下用了多少力。你会发现弹簧秤显示：在书垫着笔的情况下，用的力更小。

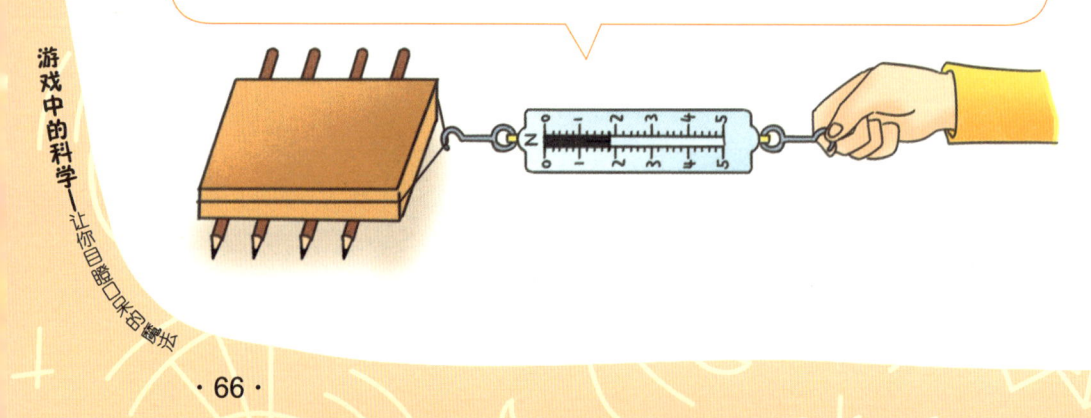

科学告诉你

当一个平面在另一个平面上滑动时产生了摩擦力——一种阻碍运动的力。第一种情况下,书放在桌子上——一个平的表面上滑动,产生的摩擦力最大。第二种情况下,因为圆柱状笔与桌子的接触面可以滚动,使得阻碍滑动的力变小。

科学在你身边

滚珠轴承

滚珠轴承改变了轴承的摩擦方法,采用了滚动摩擦,可以减小机器各部件间的摩擦现象,减小了摩擦阻力。轴承内部的小球相互滚动几乎完全消除了滑动摩擦,而代之以摩擦力非常小的滚动摩擦。旱冰鞋、汽车轴承中都使用了滚珠轴承。

省力地移动

实验百宝箱　1个圆柱状的桶（例如水果罐头或番茄罐头的罐子）
　　　　　　　1张桌子

趣味游戏步骤

❶ 把桶正着立在桌子的一端。
❷ 用指头给它几次推力，直到把它推到桌子尽头。

❸ 再次把桶放到桌子一端，这次让桶的侧面接触桌面。
❹ 像步骤2一样，也把它推到桌子尽头，比较所施推力的次数。你会发现当桶立着放置时，推它的次数要比当它侧着放时的次数多。当它倒下，并用桶侧面在平面上滚动时，每推它一下，都可以移动一大段距离。

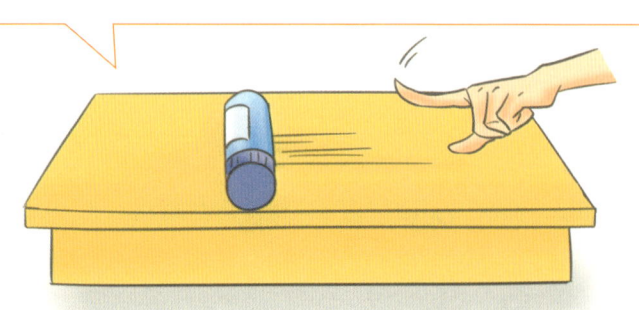

科学告诉你

桶的底部是平的，在桌上产生滑动摩擦。而桶的侧面是曲面，所以产生的是滚动摩擦，摩擦力显然要小很多。相对于第一种物体受到推力几乎不怎么动的情况，第二种情况下我们用相同的推力可以使物体移动的距离更长。因此，对于推此类沉重的桶，我们最好让它滚动。

科学在你身边

日常生活中的摩擦

如果我们的鞋底和地面之间没有摩擦，我们就不可能走，更不可能跑。如果没有汽车轮胎与沥青路面之间的摩擦，汽车就不可能停在路面上；如果车轮完全光滑，我们的自行车也不可能静立于地面上，而可能滑向远方；如果没有我们笔的摩擦，我们就不可能在纸上留下字迹（就像在玻璃上写字一样）。我们也要感谢我们手指上的摩擦，它使我们能够抓得住东西而不至于从手中滑出去。正如你所看到的，摩擦非常有用，但很多时候，我们会想消除它或减小它。例如：机械的齿轮在涂过润滑油之后运转得更好；齿轮表面涂上薄薄的一层润滑油能够防止齿轮相互磨损；汽车、飞机和轮船的流线型外观使它们与空气或水的摩擦降到最低，以达到更快的速度。

重力和运动

实验百宝箱 1 辆玩具卡车　1 张桌子　1 根长约 1 米的绳子
1 个塑料杯　　1 支笔　　1 把剪刀

弹球、硬币、螺钉、苹果等小物品

趣味游戏步骤

❶ 在杯口处两个相对的位置上剪两个小孔，并在孔中穿入细绳，打好结。

❷ 把绳子另一端拴在卡车的前部，然后把卡车放在桌子上，使杯子挂在桌沿边。

❸ 标记出卡车的起始位置。

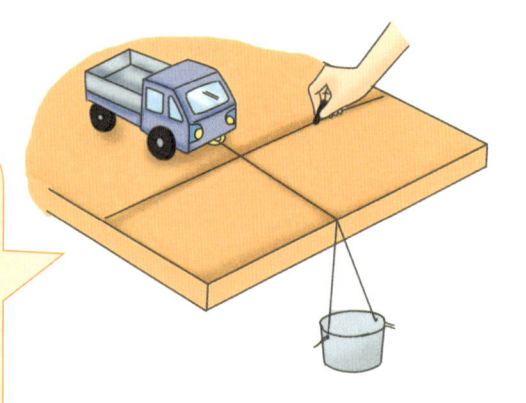

❹ 在杯子或卡车里装入准备好的小物品：全部装在卡车里，或全部装在杯子里，或杯子和卡车里各装一部分。验证哪种情况下卡车在桌子表面运动得最快。你会发现卡车的速度随着杯子重量的增加而增加，随着卡车承载重量的增加而减小。

游戏中的科学——让你目瞪口呆的魔法

科学告诉你

物体运动的速度随着使物体发生运动的力的增大而增加。地心引力吸引杯子向下运动，同时它还受到卡车的拉力。卡车承载的物体重量增加，所受的摩擦力增加了，抵消了杯子的重力，所以杯子给卡车的拉力减小了，使它速度减慢了。

科学在你身边

世界上速度最快的动物纪录

速度，即所用时间与经过距离的关系，可以用米/秒或千米/小时速度单位来测量。以下是自然界的速度之最：

地面上跑得最快的动物是猎豹，它可以在2秒钟内把速度从0提高到70千米/小时，奔跑时最快速度可达120千米/小时（尽管坚持的时间不长）。飞得最快的是楼燕，速度可达180千米/小时。在水中由于水巨大的阻力，水中动物速度的纪录比陆地动物的低：箭鱼的速度可以达到80千米/小时。

方向的改变

实验百宝箱　　1辆玩具汽车（铁质）　　1块磁铁

趣味游戏步骤

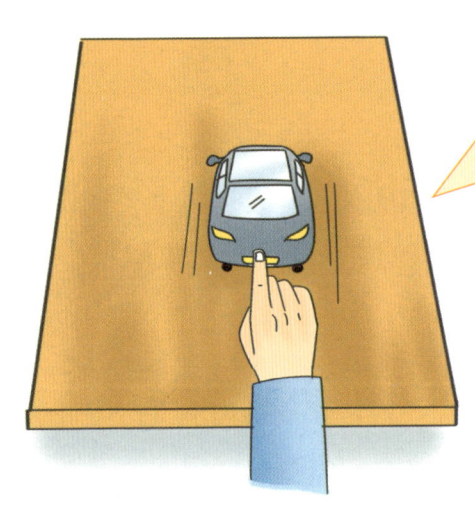

❶ 选择一段路径放置好你的车，确保车不会遇到障碍，可以做直线运动。推它一下，一直观察到它停下来。

❷ 在汽车将要经过的路径旁放置一块磁铁，并确保磁铁在车经过时距车有几厘米的距离。

❸ 再次推动车。当车行驶到离磁铁很近的地方时，方向改变了（如果两者之间的引力过大它们会吸在一起——那就把磁铁放得再远些）。

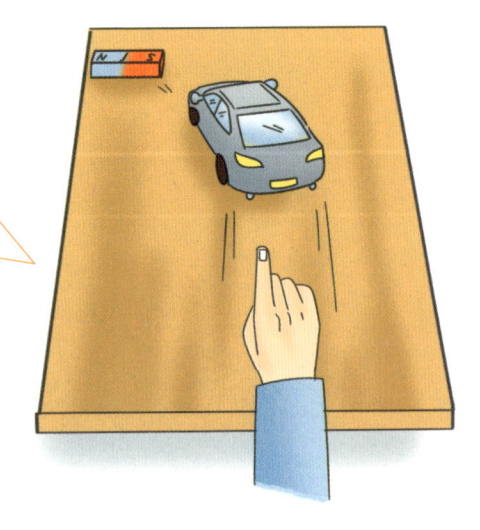

科学告诉你

磁铁给车施加了一个引力,所以车被迫改变了运动的初始方向。如果没有外力的介入,车会继续直线运动直到摩擦力将初始的推力耗尽,车才会停下来。

科学在你身边

运动的停止

你一定有过骑自行车下坡不用蹬的经验,但不可避免的,在坡底,车速会越来越慢,为了不让它停下,你不得不又重新蹬它。力是物体运动所必需的,同样,摩擦力也是使车子减速所必需的。由于路面和车轮的摩擦,车子的速度减慢了,如果没有其他外力,比如下坡路上的引力、人蹬车的力,它会慢慢停下。但是,使一个正在运动的物体停下来也不是这么简单的,事实上,很重的东西惯性也很大,因此就很难让它停下来。

能量的转换

实验百宝箱 1个有盖子的圆柱形铁罐　1根细绳　1颗大钉子
1把锤子　2根小棍子　1个铁螺母
1根结实的橡皮筋

趣味游戏步骤

❶ 请大人帮忙用锤子在罐子的盖子和底部的中心打两个小洞。

❷ 用细绳把螺母和皮筋绑在一起。

❸ 用皮筋分别穿过罐子底部和盖子上的小洞，然后用小棍穿过露在外面的皮筋形成的小扣，当罐子盖上以后，悬在罐子中的皮筋应该保持紧绷的状态，螺母自由地挂在皮筋上。

❹ 把罐子平躺着放在地上，推它向前滚动（不要用太大的力）。你会发现罐子向前滚了一小段，越来越慢，随后又滚了回来。

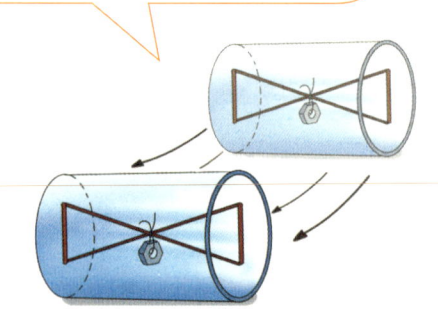

科学告诉你

螺母较重，它并没有跟着罐子一起滚动，皮筋在滚动过程中由于螺母的运动而拧在一起，同时积蓄了能量。初始的推力被消耗完后，罐子中的皮筋为了恢复原来的状态，使用积蓄的能量使罐子又滚动起来。

科学在你身边

上发条

为了使某些玩具走起来，例如会走路的玩偶、钟表、玩具车动起来，都需要扭转它们的小轮子或是连着内部弹簧的小机关给它们上发条。用这种方式给内部的弹簧，或者说这个物品提供了能量，让它们可以慢慢地（例如钟表或玩偶）或很快地（玩具车）消耗，物体的运动会一直持续到弹簧恢复它原来的状态。在另一些情况下，为了利用它们恢复原状的趋势，弹簧被拉伸（即使不是完全伸展开），例如在一些玩具枪中，弹簧被向后拉伸并被固定，直到扣动扳机那一刻，然后伴着射击声，弹簧被放开并收缩回原状。

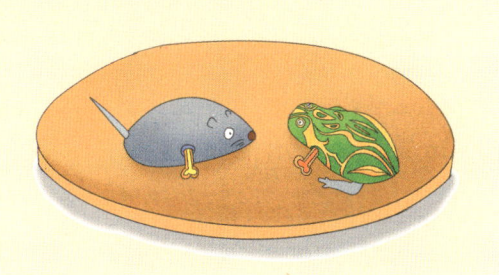

会跳水的鸡蛋

实验百宝箱

1个煮熟的鸡蛋　　1个细纸筒　　1个玻璃杯
1张硬纸板　　　　水

趣味游戏步骤

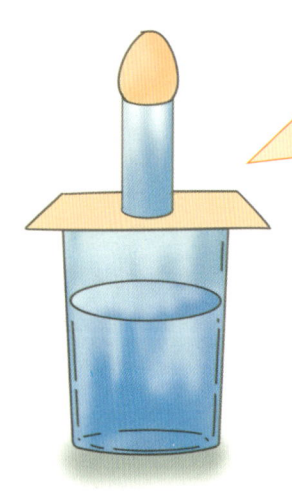

❶ 向玻璃杯中倒入2/3的水，然后用准备好的硬纸板将杯口盖住。

❷ 将纸筒竖在硬纸板上，然后将煮熟的鸡蛋放在纸筒上架起来。

❸ 将硬纸板从中间抽出来，此时鸡蛋就会"扑通"一声跳进玻璃杯里了。

科学告诉你

在实验中，我们运用了惯性原理。将硬纸板抽出后，纸筒和鸡蛋都会由于惯性而保持原来的样子，但是因为纸筒本身质量比较小，而又受到硬纸板的摩擦力，所以它就会向一边倾斜，而质量比较大的鸡蛋就会掉进水杯里了。

科学在你身边

弹性碰撞与摩擦力

两个金属球碰撞时，弹性碰撞就会发生。在碰撞前后，所具有的动能不变。在理想状况下，即球只受到动量、能量与重力作用，所有的碰撞都是完美的弹性碰撞。摩擦力是接触面之间相对移动产生的，这个移动是平行于接触面的，所以不是变形导致的，例如一个物体在地面上滑动，那就是地面对物体的摩擦力；而这个物体是从高空掉落在地上，那就是地面对物体的弹力，这两种情况下的动能损失原因是不同的。

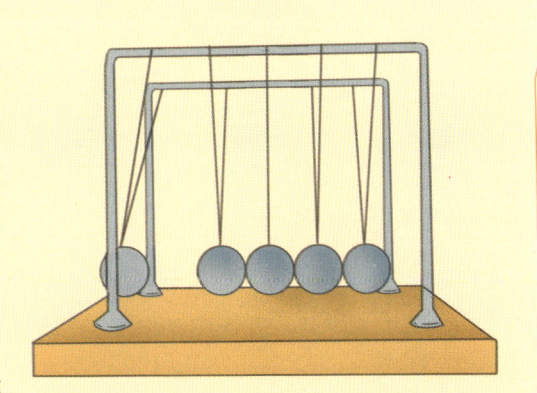

大豆"炸弹"

实验百宝箱 1个带有软木塞的玻璃瓶　　1个大纸袋
一些大豆

趣味游戏步骤

❶ 在瓶子里放满大豆，倒进水，用软木塞盖紧。

❷ 把瓶子放进大纸袋里，把袋口折叠起来，然后把纸袋放在一个安全温暖的地方，让瓶子直立。

❸ 大约4天之后，再小心地打开纸袋。

❹ 结果玻璃瓶的软木塞被黄豆"炸"开了。

科学告诉你

干的种子在水中吸水膨胀，能产生相当大的力，这个力向瓶子四面八方推动，当然也推向软木塞，直到把塞子弹开。种子的这种力量甚至能使坚硬的岩石裂开。如果你的铝质水壶摔扁了，可以用这个办法让它复原。

科学在你身边

力大无比的种子

你见过被压在瓦砾或石块下面的一棵小草的生长吗？它为着向往阳光，为着达成它的生长意志，不管上面的石块如何重，石块与石块之间如何狭窄，它总要曲曲折折地顽强不屈地透到地面上来。它的根往土里钻，它的芽往上面挺，这是一种不可抗的力，阻止它的石块结果也只能被它掀翻。植物种子的力量如此之大是不是超乎你的想象！

拉不开的毛巾

实验百宝箱　2条小毛巾　　1张木桌

趣味游戏步骤

❶ 将两条毛巾在桌子上摊开，边缘处互相重叠4厘米。

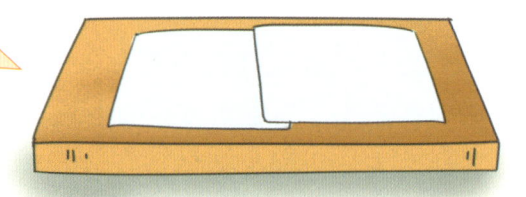

❷ 把重叠的部分折成像手风琴一样的褶皱，并用拇指和食指捏住褶皱处。

❸ 请另一个朋友用手抓住小毛巾的两端并用力拉扯，结果毛巾没有被拉开。

科学告诉你

原来，两条小毛巾的重叠处折成了像手风琴一样的褶皱，虽然只用拇指和食指捏住，但紧紧压住了毛巾上所有的接触点，从而使摩擦力大大增加，因此对方不容易拉开。

科学在你身边

滚动摩擦力

假如一个物体在一个平面上滚动的话，那么它会受到滚动摩擦力。假如滚动的物体与平面之间的摩擦力等于施加于该物体上的其他所有力的合力的话，那么它的运动是一个纯的滚动运动，其中没有滑动的部分。滚动摩擦力，是物体滚动时，接触面一直在变化着物体所受的摩擦力。它实质上是静摩擦力。接触面愈软，形状变化愈大，则滚动摩擦力就愈大。一般情况下，物体之间的滚动摩擦力远小于滑动摩擦力。在交通运输以及机械制造工业上广泛应用滚动轴承，就是为了减少摩擦力。

切不破的纸

实验百宝箱

1 把水果刀　　1 张纸　　1 个土豆

趣味游戏步骤

1. 把土豆清洗干净，擦干后放在桌子上。
2. 将纸对折后裹住水果刀的刀刃。
3. 用裹住刀刃的水果刀切开土豆。
4. 结果土豆被切开了，裹在刀刃上的纸没有被切破。 

科学告诉你

裹在刀刃上的纸受到了来自刀刃的作用力，同时也受到来自土豆的反作用力，这两个力就相互抵消了。另外，纸纤维的柔韧性要比土豆纤维好。由于以上两个因素，裹在刀刃上的纸还是好好的，而土豆则被切开了。

科学在你身边

反作用力

我们走路的时候，脚将地往后蹬（作用力），地就把脚往前推（反作用力），使我们的身体前进。划船的时候，桨将水往后推（作用力），水将桨往前反推（反作用力），从而使船能前进。同样，往后喷射出去的燃气反推着火箭前进。大炮在发射时对炮弹施加作用力，炮弹向前运动的同时，反作用力使炮身向后运动。这都是作用力与反作用力原理。

游戏中的科学

玩的世界
越玩越聪明

闻 达 ◎ 主编

河北出版传媒集团
河北人民出版社
·石家庄·

图书在版编目（CIP）数据

游戏中的科学 . 3, 玩的世界 越玩越聪明 / 闻达主编 . -- 石家庄 : 河北人民出版社 , 2021.10
ISBN 978-7-202-15721-3

Ⅰ.①游… Ⅱ.①闻… Ⅲ.①科学知识—青少年读物 Ⅳ.① Z228.2

中国版本图书馆 CIP 数据核字 (2021) 第 199844 号

前言

科学和游戏密不可分，许多伟大的科学发现就是从游戏中诞生的。牛顿通过玩三棱镜创立了光谱学；门捷列夫用一副扑克牌发现了自然界各种物质间的关系，创立了元素周期表；雷内克从敲木头中得到启发从而发明了听诊器……可以说游戏激发了人们的创新思维和创造力。对于孩子们来说，游戏是学习，是劳动，是行之有效的教育方式。通过游戏，孩子们不仅能将课堂上学到的知识加以实践，学以致用，还能提高自己的认知能力，增强学习兴趣，玩出好成绩，玩出好思维。

科学并没有我们想象的那样难懂和枯燥，它就在我们的身边：它是树上落下的苹果，它是我们看书时戴的眼镜，它还随着空中飘落的雪花一起飞舞……只要我们参与到有趣的科学游戏中，就会发现心中很多的疑惑将得到解答：树上的苹果为什么会向下落？近视眼为什么戴上眼镜就能看清楚远处的物体？空气的重量是怎样测量的？……在奇妙的游戏世界中，你将学到丰富多彩的科学知识，发现其中的科学奥秘。

《游戏中的科学》是一本为广大青少年读者精心编撰的科学游戏书，本书精选了162个有趣的科学小游戏，内容涉及数学、物理、化学、天文、地理、生物等各领域。为了培养实际动手能力，每个游戏都设有"实验百宝箱""趣味游戏步骤"；为使读者更全面深入地理解每个小游戏的科学原理和相关知识，书中还特设了"科学家告诉你"和"科学在你身边"等知识链接，生动地向读者阐释科学原理的细节及应用。同时，书中还为每个游戏提供了详尽的说明和图解，方便读者发现身

边的科学现象,在游戏中走近科学。这些游戏能够帮助读者解开自然科学的秘密,了解自然科学的规律。书中的这些有趣的小游戏操作起来都比较容易,实验所用的材料和工具就在我们的身边。

这些妙趣横生的小游戏看似简单,其中却隐藏着深奥的科学原理,不但可以帮助青少年学习科学知识,激发对科学的巨大兴趣,也可以开阔眼界。本书还是家庭关系的黏合剂、老师的好帮手,家长和老师可以通过书中设计的实验步骤,帮助孩子一起做游戏,分享快乐,成为孩子生活和学习的得力伙伴。

游戏令人快乐,科学使人智慧。在游戏中亲历科学,感受自然奥秘的乐趣。这是一本令广大青少年着迷的科学魔法书,通过一个个精彩有趣又极富创意的游戏,将原本晦涩难懂的科学原理加以形象演绎,从而引领读者走进科学殿堂,揭开科学的神秘面纱,开始一段奇妙的科学探索之旅。

目录

一 奇幻的自然现象

什么是地震波 \ 2
岩石上升 \ 4
探索地球内部结构 \ 6
探秘水土流失 \ 8
潮汐大小的秘密 \ 10
盐是怎么来的 \ 12
波浪的形成 \ 14
人工"降"雨 \ 16
瓶子中的"温室效应" \ 18
日食是怎么发生的 \ 20
满眼"星光" \ 22
长尾巴的彗星 \ 24
太阳的"怪事" \ 26
火山喷发 \ 28
地球与月亮的亲密关系 \ 30

二 奇趣的动物王国

害羞的虾 \ 32
神奇的猫眼 \ 34
喜欢下雨天的蚯蚓 \ 36
聪明的蚂蚁 \ 38
"千只眼"的蜜蜂 \ 40
困在水里的青蛙 \ 42
鱼的条件反射 \ 44
起死回生的苍蝇 \ 46
喜欢"音乐"的蜘蛛 \ 48
蚱蜢的"鼻子"在哪里 \ 50
为什么鸟能在空中飞 \ 52

三 "调皮"的植物

逃脱地球引力 \ 54
能穿透鸡蛋壳的根 \ 56
会"认路"的豆芽 \ 58
自动浇花的瓶子 \ 60
植物也会"出汗" \ 62
植物的双色花 \ 64
叶子的"鼻子"在哪 \ 66
提取叶绿素 \ 68
牵牛花的生物钟 \ 70

没有种子也能发芽 \ 72
口袋里长出大番茄 \ 74
"积极向上"的植物 \ 76
奇妙的植物 \ 78
神奇的叶子 \ 80
绿色的奥秘 \ 82

四 人体的奥秘

看不见的盲点 \ 84
哪个圆圈更大 \ 86
人会发出不同的声调 \ 88
人为何能听到声音 \ 90
快速旋转身体 \ 92
分不开的无名指 \ 94
测肺活量 \ 96
用一只眼来定位 \ 98
你相信自己的眼睛吗 \ 100
收缩的瞳孔 \ 102
不受控制的小腿 \ 104
树 \ 106

一

奇幻的自然现象

　　大自然的奥秘是无穷无尽的，茫茫的宇宙，连绵的群山，神秘的星空，汹涌的波涛，还有那不时迸发的火山……这些都带给人们无限的遐想。下面就让我们通过一个个简单有趣的小游戏，去揭示大自然中那些平常现象背后所隐藏的秘密吧！

什么是地震波

实验百宝箱 1把尺子　1团棉线　1卷胶带纸
1把剪刀　1张桌子

趣味游戏步骤

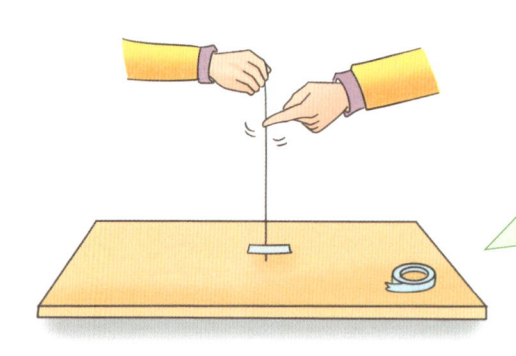

❶ 剪一根60厘米长的棉线，将棉线的一端用胶带纸固定在桌子上。

❷ 用手抓住棉线的另一端，把棉线拉直，用手指拨一下拉紧的棉线，听听声音。

❸ 用手指卷起棉线的一端，把卷着棉线的手指放在耳朵上。

❹ 拨一下拉紧的棉线，听听声音。

❺ 把手指放在耳朵上时，振动的声音会变得更大。

科学告诉你

声波在固体中的传播速度要比在空气中的快。纵波在地震时是最早到达震中的，它在密度高的物质内传播速度较快，横波要比纵波传播得慢。因此，当地震发生时，人们总是觉得先颠后晃。

科学在你身边

地震波

地震波按传播方式可分为：纵波、横波和面波。震动方向与传播方向一致的波为纵波（P波），来自地下的纵波引起地面上下颠簸震动。震动方向与传播方向垂直的波为横波（S波），来自地下的横波能引起地面的水平晃动。面波只能沿地表传播，是造成建筑物强烈破坏的主要因素。

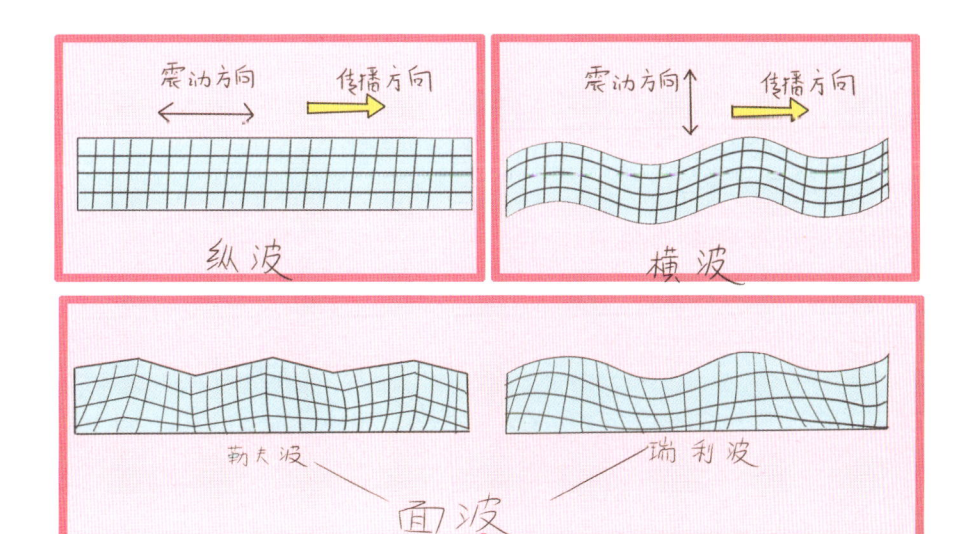

岩石上升

实验百宝箱

1 个玻璃杯　　1 把小锥子　　1 枚大头针
1 个小塑料瓶　水　　　　　　油

趣味游戏步骤

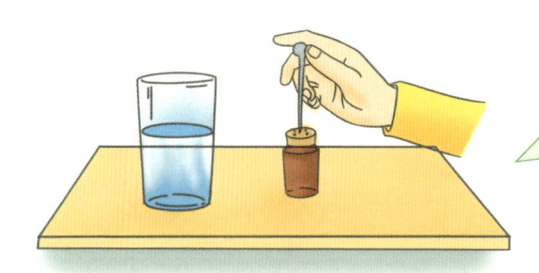

❶ 在玻璃杯内装半杯水，再将油灌进塑料瓶内，盖上盖子。
❷ 用小锥子在塑料瓶的盖上扎 5 个小洞。
❸ 将大头针扎进其中的一个小洞内。

❹ 捏着大头针，将塑料瓶推入玻璃杯底部。
❺ 油滴从塑料瓶盖的洞口冒出来，升到玻璃杯的水面上。

科学告诉你

油的比重比水小，也就是说，油滴的重量要比同样体积的水滴的重量轻，而且油不溶于水，要是油处于水底位置，它就会升向水面，所以油滴会漂浮在水面上。

科学在你身边

岩石

我们知道地球的内部由表及里可分为地壳、地幔、地核3层，它们均由岩石构成。

由于地球内部的温度很高，岩石会变形。当一种岩石受热后，它的比重就会比周围没有受热或受热较小的岩石小，于是就形成固体的岩滴，人们称这类岩石为"侵入褶皱"。"侵入褶皱"不断向地表挤伸，其热量不断软化地壳，发展到一定时候，它就能突破重重障碍来到地表。

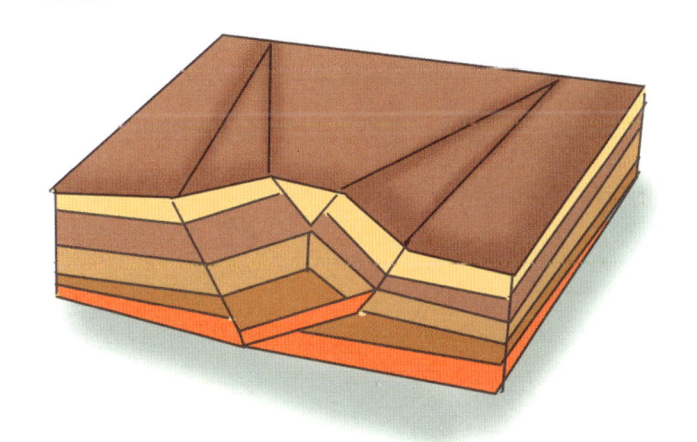

探索地球内部结构

实验百宝箱　　1个容积为2升的大碗　　1个玻璃瓶
　　　　　　　　1支铅笔　　　　　　　　水

趣味游戏步骤

① 碗里装上半碗水。
② 把装满水的玻璃瓶放在碗的中央。

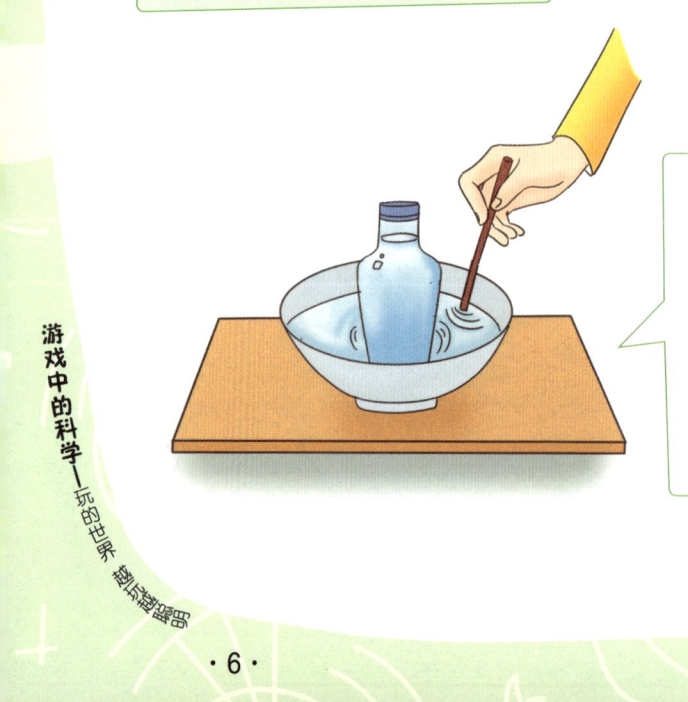

③ 用铅笔在碗口附近的水面上轻轻点几下,观察波纹。
④ 在铅笔点到的地方会有一圈圈的波纹扩散,大部分波纹会在碰到瓶子时再弹回来。

科学告诉你

铅笔点水使水振动，所产生的波纹会从中心向四周扩散，但这些波纹无法穿过瓶子。地震产生的横波比纵波速度慢，能量小，只能穿过固体物质，纵波却能在固体、液体和气体中自由传播。因此，横波在从地球的固体部分传到液态的地核时，会被弹回去，而纵波则可以一直到达地核。这就证明了地球的内部存在着液态物质。

科学在你身边

地球内部结构

地球内部结构是指地球内部的分层结构。地球从外到里，被莫霍面和古登堡面分成三层，分别是地壳、地幔和地核。地壳主要是岩石；地幔主要由致密的造岩物质构成；地核，也就是真正的地球之心，主要是铁和镍，那里的温度可能高达6000摄氏度。

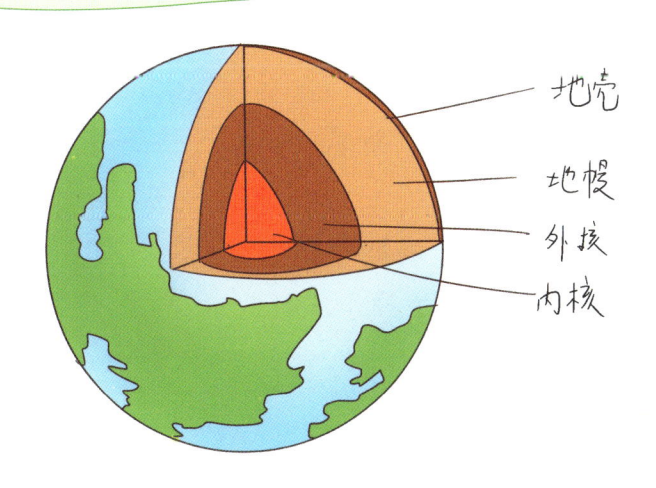

探秘水土流失

实验百宝箱

1 支铅笔　　　1 个纸杯　　　1 根吸管
1 块橡皮泥　　1 块 30 厘米长的木板
1 个装满水的广口瓶　　一些土　　水

趣味游戏步骤

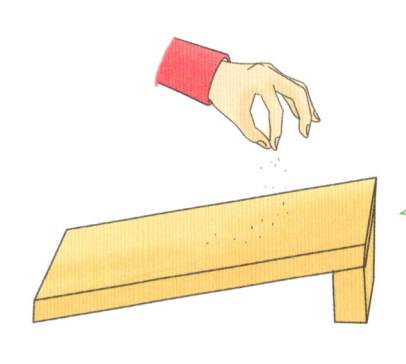

① 用铅笔在纸杯的底部钻一个洞，把吸管剪成两截，把其中一截插入纸杯的洞中，并用橡皮泥将纸杯上吸管周围的缝隙封好。

② 把木板放在地上，用土将木板的一端垫高 5 厘米左右，在木板表面撒上薄薄的一层土。

③ 把杯子放在木板垫高的一端，吸管朝向木板另一端。用手指堵住吸管口，把水倒满杯子。

④ 放开堵住吸管口的手指，观察水流的情况。

⑤ 把木板洗干净，将其一端垫高 15 厘米，再铺上一层土，重复步骤 3、4。

⑥ 木板上的土会被水冲走。木板越倾斜，冲走的土就越多。

科学告诉你

当斜度加大时,水流的速度就会加快,水流的能量也越大。在这个实验中,从上面流下来的水会把土往下冲,而且水的流速越大,能量就越大,被冲走的土就越多。

科学在你身边

水土流失

水土流失不仅使土壤肥力下降,导致大量表层肥沃的土壤丧失;还使水库淤积,河床抬高,通航能力降低,洪水泛滥成灾,恶化生态环境;在高山深谷,水土流失常引起泥石流灾害,危及工矿及交通设施安全。

潮汐大小的秘密

实验百宝箱　1 个方形盘子　　1 个圆形盘子
　　　　　　　1 个浅盘子　　　水

趣味游戏步骤

❶ 把三个盘子都装满水。

❷ 将方形盘子端在前面,向前走几步,观察会发生什么。

❸ 分别将圆形盘子和浅盘子端在前面,向前走几步,观察会发生什么。

❹ 你会发现,方形盘子里的水比其他盘子里的水更容易溢出来。

科学告诉你

不同形状的盘子相当于不同形状的"海岸线"。浅盘子的边比较浅，斜度较小；方形盘子的形状比圆形盘子更不规则。在斜度小而浅的海岸，海水的涨落幅度小；在形状不规则的海岸，常会发生潮差特别大的潮汐。

科学在你身边

潮汐

潮汐是由于日、月引起潮力的作用，使地球上的海水产生周期性的涨落现象。它不仅可以被用来发电、捕鱼、产盐及发展航运、海洋生物养殖，而且对于很多军事行动有重要影响。历史上就有许多成功利用潮汐规律而取胜的战例。1939年，德国布置水雷，拦袭夜间进出英吉利海峡的英国舰船。德军根据精确计算潮流变化的大小及方向，确定锚雷的深度、方位，用漂雷战术取得了较大战果。

盐是怎么来的

实验百宝箱 2个纸杯　　1张过滤纸　　1把汤匙
　　　　　　　1支铅笔　　1张黑纸　　　1块橡皮泥
1个盘子　　一些土　　一些食盐　　水

趣味游戏步骤

❶ 用铅笔的笔尖在一个纸杯的底部钻6个孔，然后把过滤纸放入杯里。

❷ 在另一个杯子里装入一汤匙土和一汤匙盐，混合均匀后倒入装有过滤纸的杯子里。

盐土混合物

❸ 将黑纸放在盘子上。把橡皮泥搓成3团，放在黑纸上，做支撑杯子的脚，把装有土和盐的杯子放在橡皮泥上。

❹ 将3汤匙水洒在土和盐的混合物上，让水慢慢地流到黑纸上，然后把黑纸放到太阳底下晒。

❺ 你会发现，黑纸上有盐的白色结晶。

科学告诉你

当水在盐和土的混合物中流动时，盐会溶于水并被水带到黑纸上。当黑纸上的水分蒸发后，盐的白色结晶就会留在纸上。

科学在你身边

海水

海水也是可以利用的，海水淡化就是一种有效的方法。海水淡化即利用海水脱盐生产淡水，是实现水资源利用的开源增量技术，可以增加淡水总量，且不受时空和气候的影响，水质好，价格渐趋合理，可以保障沿海居民饮用水和工业用水等的稳定供水。另外，海水还可以制食盐，也可以从中提取肥料。

波浪的形成

实验百宝箱　　1个大脸盆　　1根吸管　　水

趣味游戏步骤

❶ 装半盆水，将吸管的一端靠近盆中的水面。
❷ 通过吸管的另一端向盆中的水面吹气。

❸ 先轻轻地吹，再用力地吹，观察水面的变化。
❹ 水面会形成波浪。轻轻地吹时，波浪较矮；用力地吹时，波浪较高。

科学告诉你

风的移动是波浪形成的原因之一，波浪的高度取决于风的速度。风速越快，所携带的能量就越大，能量传递给水面，形成的波浪就越高；反之则越矮。

科学在你身边

波浪

当波浪涌上岸边时，由于海水深度愈来愈浅，下层水的上下运动受到了阻碍，受物体惯性的作用，海水的波浪一浪叠一浪，越涌越多，一浪高过一浪。与此同时，随着水深的变浅，下层水的运动，所受阻力越来越大，以至于到最后，它的运动速度慢于上层水的运动速度，受惯性作用，波浪最高处向前倾倒，摔到海滩上，成为飞溅的浪花。

人工"降"雨

实验百宝箱　　1个带盖的广口瓶　　一些冰块　　水

趣味游戏步骤

❶ 把水倒进瓶里,浅浅地没过瓶底。
❷ 把瓶盖倒放在瓶口上。
❸ 在瓶盖上放三四块冰块。

10 min

❹ 10分钟后观察瓶盖下方。
❺ 瓶盖下方看起来很湿,最后会形成很多的小水珠。

科学告诉你

瓶子里的一部分水分会蒸发形成水蒸气。当这些水蒸气碰到冷的瓶盖时就会凝结成小水滴。自然界中，河水、湖水、海水等都会蒸发，当水蒸气上升到更冷的上空时，就会凝结成小水滴。天上的云就是由空气中的小水滴构成的。

科学在你身边

酸雨

酸雨会引起森林衰退、湖泊酸化、土壤贫瘠、粮食减产、建筑物腐蚀等。酸雨降落到湖里，湖里的藻类会减少，鱼类、虾类会死亡甚至灭绝。酸雨引起的酸雾，还会使鸟类受到伤害。酸雨对我们人类的身体健康危害也很大。

瓶子中的"温室效应"

实验百宝箱　1个有盖的广口瓶　　2支温度计
2张黑色美术纸

趣味游戏步骤

① 确定两支温度计的温度指数都和正常的户外温度一样。
② 在户外找个有阳光的地方，把广口瓶平放。
③ 拿一张黑色美术纸，上面放支温度计，放进广口瓶里，盖紧盖子。 
④ 将另一支温度计放在广口瓶旁边的另一张黑纸上。
⑤ 记录两支温度计的温度，等10分钟后再记录一次。
⑥ 瓶子里的温度要略高于外边的温度。

科学告诉你

瓶子是一个密闭的空间，模拟出了地球大气中大量二氧化碳的存在所产生的温室效应。

二氧化碳就像瓶子的玻璃一样，会包住热气，虽然阳光同时照射在两张黑纸上，它们吸收光后会产生相同的热能，但是，热气却无法从玻璃瓶中散发出去，因此瓶内的温度要高于瓶外。

科学在你身边

温室效应

温室效应又称"花房效应"，是大气保温效应的俗称。大气能使太阳短波辐射到达地面，但地表向外放出的长波热辐射线却被大气吸收，这样就使地表与低层大气温度增高，因其作用类似于栽培农作物的温室，故名温室效应。

自工业革命以来，人类向大气中排入的二氧化碳等吸热性强的温室气体逐年增加，大气的温室效应也随之增强，已引发全球气候变暖等一系列严重问题，引起了全世界各国的关注。

日食是怎么发生的

实验百宝箱　1个网球　　1颗弹珠

趣味游戏步骤

❶ 右手拿着网球,将右手臂往前伸直。

❷ 左手拿着弹珠,放在网球与眼睛之间。

❸ 闭上右眼,然后把弹珠慢慢地移向你张开的左眼。随着弹珠慢慢地移向左眼,网球会渐渐地看不清楚,最后会完全消失。

科学告诉你

弹珠代表月球，网球代表太阳。弹珠与网球在靠近观察者的时候，都会挡掉从对面发出的光。因此，当月球运行到太阳和地球之间时，就会像弹珠一样遮住阳光。太阳被月球遮住的现象，就叫日食。

科学在你身边

为什么看到月食的机会比日食多？

就全地球而言，每年出现月食的次数比日食多。人们看到日食的机会少是由于日食带的范围小，地球上只有局部地区可见；而月食一旦发生，处于夜晚的半个地球上的人都可以看到。对某一地区平均而言，看到月食的机会就比日食多了。

一、奇幻的自然现象

满眼"星光"

实验百宝箱

1 个薯片筒　　1 颗钉子　　1 支手电筒
1 支铅笔　　　1 本天文书　1 把剪刀

趣味游戏步骤

❶ 依照天文书上的星星图案，用钉子在薯片筒的盖子上戳一个"星星"孔。

❷ 把手电筒较细的一端压在薯片筒另一端的中央，用手压出棱来，然后用铅笔按照棱画个圆圈，并用剪刀把圆圈剪下来。

❸ 将手电筒塞进洞里，到黑暗的房间去，对着天花板打开手电筒。

❹ 天花板上，你会看见一群小星星。转动薯片筒，你还能看见星星移动。

科学告诉你

在游戏中,转动薯片筒,你看见天花板上的星星在移动。这跟真实的星星位置的移动是同一个道理。

即使是在每天晚上相同的时间,星座的位置也会改变。而且有些星星是在特殊的季节里才能看到的。

科学在你身边

星星

星星时刻都在天空中闪烁,我们在白天看不到星星是因为大气散射了太阳的一部分光线,把天空照得十分明亮,使人看不到星星微弱的光。如果没有大气的散射作用,在白天就能看到星星。

月亮上没有大气,无法散射太阳光,所以月亮上的白天是可以看到星星的。

长尾巴的彗星

实验百宝箱　1个乒乓球　3束毛线　1卷胶带
　　　　　　　1根筷子　1把小刀　1台电扇

趣味游戏步骤

❶ 依照天文书上的星星图案，用钉子在薯片筒的盖子上戳一个"星星"孔。

❷ 把手电筒较细的一端压在薯片筒另一端的中央，用手压出棱来，然后用铅笔按照棱画个圆圈，并用剪刀把圆圈剪下来。

❸ 将手电筒塞进洞里，到黑暗的房间去，对着天花板打开手电筒。

科学告诉你

游戏中，风把毛线吹了起来。同理，由于受太阳发出的强烈的太阳风的吹动，彗星在绕太阳飞行的时候，自身散发出的气体就会被吹离太阳，朝着太阳相反的方向延伸，从而形成彗尾。

科学在你身边

为什么有的彗星有两条尾巴？

彗星在靠近太阳时，可能会有两条尾巴：一条是笔直延伸的电离尾，一条是扩散、弯曲的尘埃尾。电离尾是太阳风摩擦彗星表面，形成电离现象而造成的，它尾部所指的方向永远与太阳相反。尘埃尾则是彗星在太空行进时，受太阳照射，受热剥落分散而成的碎屑，尘埃尾会受太阳或附近行星的影响而产生偏移现象。

一、奇幻的自然现象

太阳的"怪事"

实验百宝箱　1个装有水的瓶子　　几本书　　1盏台灯
1张桌子

趣味游戏步骤

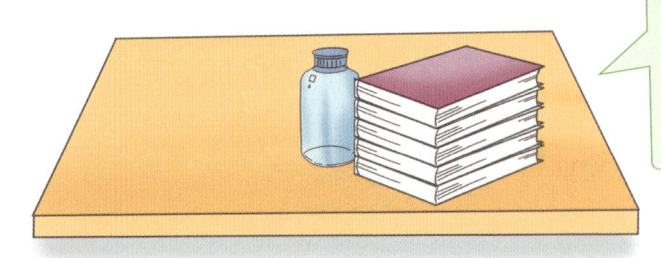

❶ 把几本书叠在一起,放在桌子的一端上,并把装有水的瓶子放在书旁边。

❷ 把台灯放在桌子上的另一端。(⚠注意:书的高度要能挡住灯光)

❸ 即使灯的位置比书还低,灯光被书挡住,你还能看到灯光。

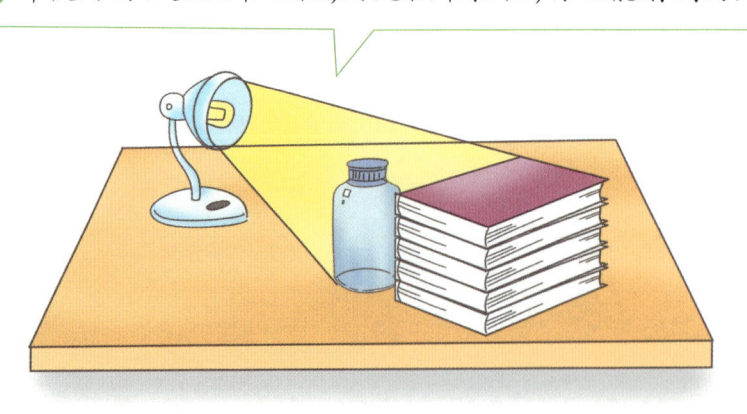

科学告诉你

在这个游戏里面，当灯光照射时，圆形的装有水的瓶子就像地球大气层，大气层会折射光线，让你看到光线的影像。日升或日落的阳光，必须穿透厚厚的地球大气层。

所以，太阳从地平线升起前的几分钟，我们就能在地平面看到太阳影像了。日落时，因为折射线的缘故，就算太阳已经落下了，我们还是可以暂时看到太阳的影像。

科学在你身边

背对着太阳欣赏日落

如果你是在金星上，那么这样的想法是可以实现的。在金星上，大气非常稠密，这就会造成一种奇特的光学现象，即大气折射能使接近地平线的太阳光曲近180度，因此，在金星上，即使背向太阳，也可以欣赏日落的奇景。

火山喷发

实验百宝箱　3个空的带盖子的塑料瓶　　1个圆规
1包小苏打粉　　醋　　1把汤匙　　玉米粉

趣味游戏步骤

❶ 在3个空塑料瓶里倒入醋，各倒半瓶即可，将一汤匙玉米粉放进其中的一个瓶里。

❷ 在装玉米粉的那个塑料瓶的瓶盖上扎10个洞，在另一个瓶的瓶盖上也扎10个洞，第三个瓶的瓶盖不扎洞。

❸ 将3个瓶的瓶盖打开并翻过来，每个瓶盖里都放一点小苏打，然后盖上盖子，小苏打很快掉进瓶里。

❹ 放玉米粉的那个瓶里有气泡从盖上的小洞里冒出来，接着，黏稠的液体挤开瓶盖并流淌出来。瓶盖未扎洞的瓶子中，液体喷涌着将瓶盖弹开，再慢慢流淌。剩下的瓶子中，白色液体从小洞射出，像喷泉一般。

科学告诉你

小苏打和醋混合后会产生大量的气体，这些气体溢出瓶子时，带出了液体。火山喷发也是同样的道理，地层深处的热熔岩中含有大量气体，它们破地而出时，带出了液态的岩浆。如果岩浆不黏稠，就会流出或者喷出，如果太黏稠，就会堵塞出口。

科学在你身边

火山有时也会喷出冰块

在冰天雪地的北极，火山爆发时会喷出大量的冰块。因为覆盖在火山顶上的是很厚的冰层，冰层下的火山一旦苏醒，就以强大的力量掀开冰盖，从而将冰块喷发出来，造成奇特的喷冰现象。

地球与月亮的亲密关系

实验百宝箱

1颗直径约1厘米的打孔珠子
1个内装沙土的沙包　1根尼龙绳子

趣味游戏步骤

① 用尼龙绳的一端拴紧沙包，另一端穿过珠子的小孔，再打结拴紧。

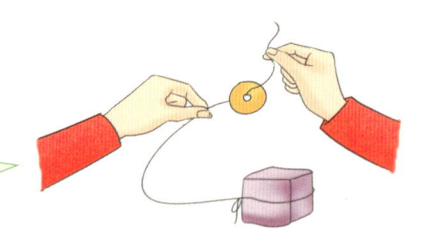

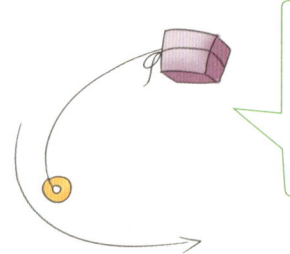

② 找一个没人的空旷地方，比如操场，拿着小珠子在头顶上甩动，加速到一定程度后，松手向前甩去。仔细观察，你会发现，沙包带着珠子一起向前飞行，并且珠子绕着沙包转动。

科学告诉你

在游戏中，由于沙包较重，珠子较轻，珠子被沙包"吸引"着绕沙包转动，同时沙包也被牵动，二者螺旋式前进。同理，月球由于受到地球的引力，在地球围绕太阳公转的轨道上，其围绕着地球公转，并对地球产生一股吸引力。

科学在你身边

如果地球自转的速度加快了会怎么样

如果地球自转的速度加快17倍，那么会使距离地轴最远的赤道处的物体包括人飞出去，海洋和空气都会被抛进外太空。但是站在北极或南极一带的人位于地轴上，是不会感觉出有什么变化的。

二

奇趣的动物王国

虽说人类是地球上的主宰，但你千万不要小瞧了种类众多的动物们，它们也有它们的各种神奇本领和天赋，很多还是人类所不知道的。比如，蜜蜂是"千只眼"，蜘蛛喜欢音乐，苍蝇可以死而复生，等等。下面就让我们通过这些小游戏，一起去了解它们吧。

害羞的虾

实验百宝箱 1个锅　　几只虾　　水

趣味游戏步骤

❶ 在锅里盛上水，烧开。
❷ 把虾洗干净。

❸ 将虾放入锅中煮5分钟。
❹ 这时你会发现，原本是青黑色的虾，现在已经变成了橘红色。

科学告诉你

虾的外壳里含有多种色素，不过大多数都是青黑色，所以我们看到的虾是青黑色的。但是在开水中煮过之后，外壳中的色素差不多都被破坏掉了，只剩下不怕高温的红色素，因此煮过之后它就变成红色了。

（⚠ 注意：本实验需要成人协助）

科学在你身边

蒸螃蟹

我们知道螃蟹经过蒸煮以后也会和虾一样变成橘红色。螃蟹作为美味佳肴，自古以来备受人们的青睐。螃蟹的营养十分丰富，蛋白质的含量比猪肉、鱼肉都要高出几倍，钙、磷、铁和维生素A的含量也较高。但如果吃得不当，可能会带来健康的损害。螃蟹不但为食中佳肴，作为药用也有奇功。现代研究发现，蟹壳含有一种物质——甲壳质，甲壳质中可提炼出一种称为ACOS-6的物质，它具有低毒性免疫激活性质，动物实验已证实，该物质可抑制癌细胞的增殖和转移。

神奇的猫眼

实验百宝箱　1支手电筒　1把剪刀　1卷胶带
1张彩色纸　1个空易拉罐

趣味游戏步骤

❶ 把彩色纸剪成圆形，圆形纸的大小正好能盖住易拉罐的开口。然后在圆形纸的中间剪一个椭圆形的开口。

❷ 将易拉罐上面的盖剪掉，用胶带把圆形纸粘在易拉罐的开口处。

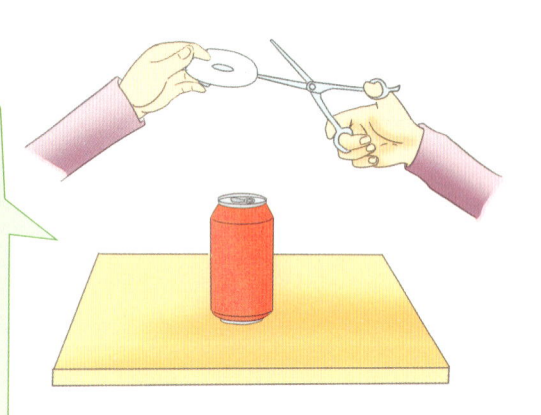

❸ 在漆黑的房间内，打开手电筒，照射易拉罐彩纸上椭圆形的开口。当手电筒的光照到彩纸上时，椭圆处显得特别明亮。

科学告诉你

猫的眼睛里有一层特殊的薄膜，叫反光膜。反光膜能够对光进行反射，而且在光线微弱时，猫的瞳孔就会放大，增强反射光线，使猫能够看清黑暗中的物体。

实验中，当手电筒的光照向椭圆形开口时，易拉罐底部的铝箔会将光线反射回来，起到与猫眼中的反光膜相似的作用，所以反射出的光线特别明亮。

科学在你身边

夜视仪

科学家们模仿猫眼的结构，研制出了微光夜视仪，它可以利用月光、星光等微弱光线，将微光放大，清晰地观察目标。微光夜视仪主要应用于军事领域。

喜欢下雨天的蚯蚓

实验百宝箱
1个装有蚯蚓和泥土的玻璃缸　　适量小砂石
1个杯子　　水

趣味游戏步骤

❶ 将小砂石装到杯子里，半杯即可。

❷ 往装有小砂石的杯子里倒水，直到水将砂石淹没，仔细观察。

❸ 往装有蚯蚓和泥土的玻璃缸中倒水，直到泥土刚好被水淹没。

❹ 你会发现装有砂石的杯子里，当水淹没砂石时，在很短的时间里，会有气泡出现，后来又没有气泡了。当装有蚯蚓和泥土的玻璃缸中的泥土被水淹没时，不一会儿，蚯蚓就会爬到泥土表面上来。

科学告诉你

当你往杯子里倒水时,水会将砂石或泥土中的空气挤出来,也就是我们看到的气泡。当泥土中的氧气变少直至消失时,蚯蚓需要呼吸空气,就会爬到泥土表面来。所以,当大雨使地面积水时,蚯蚓为了获得足够的氧气,就会爬到地面上来。

科学在你身边

蚯蚓

蚯蚓对人类的益处很多,被称为"环境净化者"。蚯蚓在土壤里活动,使土壤疏松,能够起到改良土壤的作用。它的粪便中含有丰富的氮、磷、钾等养分,有利于植物的生长。

聪明的蚂蚁

实验百宝箱　　1 杯糖水　　1 杯糖精水　　一群蚂蚁

趣味游戏步骤

❶ 在地面上滴几滴糖水，再在离糖水 20 厘米的地方滴几滴糖精水。

❷ 把蚂蚁放到这两种水的附近，观察蚂蚁会爬向哪一种水滴。

❸ 蚂蚁会朝着糖水的方向爬过去。

科学告诉你

蚂蚁喜欢天然的甜饮料,因为天然的糖分子更适合蚂蚁的味觉感受器。蚂蚁没有适合人工甜味剂的味觉感受器,所以它们也就不会光顾含糖精的水滴。

科学在你身边

蚂蚁的味觉

蚂蚁的味觉感受器不在蚂蚁的嘴里,而是在它的触角上,蚂蚁通过触角来触摸食物、品尝食物和嗅气味。如果蚂蚁的洞穴里缺少糖分,会对它们的生长发育很不好。为了能够找到充足的糖分,蚂蚁一旦发现甜的东西,触角就会自动硬起来,这是蚂蚁的一种天性。

"千只眼"的蜜蜂

实验百宝箱

1个圆规　　1杯水　　4个碟子
黄、红、蓝、黑4种颜色纸各1张
糖　　1把剪刀　　蜜蜂

趣味游戏步骤

❶ 用圆规在4种不同颜色的纸上各画一个直径为15厘米的圆，用剪刀剪下来。

❷ 在4个碟子中都加入糖和水。

❸ 把不同颜色的圆形纸片放在屋外，在每张纸片上放一个小碟子。

❹ 红色、黄色和蓝色纸上的碟子中的糖水吸引了很多蜜蜂，而黑色纸上的碟子中的糖水上几乎没有蜜蜂。

科学告诉你

蜜蜂的眼睛是由许多独立的小眼紧密排列而成的，被人们叫做复眼。蜜蜂的复眼能看到许多我们看不到的颜色，甚至能看到紫外线。

实验中，蜜蜂能看到黄纸和蓝纸上的碟子中反射的黄光以及蓝光，因此这两个碟子中的糖水能吸引蜜蜂。红色光能反射大量的紫外线，所以也可以吸引蜜蜂。只有黑色将光都吸收了，所以黑纸上的碟子中的糖水就无法吸引蜜蜂。

科学在你身边

偏光天文罗盘

人们根据复眼的结构特点和工作原理，制造出一种叫做"偏光天文罗盘"的仪器，被用来为船舶和飞机导航。

二、奇趣的动物王国

困在水里的青蛙

实验百宝箱 1只青蛙　1个装青蛙的小笼子　一些水草　1个大玻璃鱼缸　清水

趣味游戏步骤

❶ 往鱼缸里加满清水，把准备好的水草放到鱼缸里，并把鱼缸放到阳光下。

❷ 把青蛙小心地放到小笼子里，关好笼门。

❸ 把小笼子放到水里，沉到缸底放好。仔细观察几天。

❹ 几天之后，你会发现，青蛙依旧很活跃。

科学告诉你

青蛙主要靠肺呼吸，也可以靠皮肤辅助呼吸。它的皮肤里分布着丰富的毛细血管，能直接与外界进行气体交换，辅助呼吸。因此，被困在水里的青蛙仍可以用皮肤来呼吸，所以能活得好好的。

科学在你身边

青蛙

像青蛙这样既能在水中生活又能在陆地上生活的动物叫两栖动物，其他的两栖动物还有蟾蜍、蝾螈和大鲵等。其中大鲵又叫娃娃鱼，是世界上现存最大的，也是最珍贵的两栖动物。青蛙也是人类的好朋友，是农民为田地除虫的好帮手。其种群在平原、丘陵、山地等均有广泛的分布，一只青蛙平均每年要吃1万只昆虫。

鱼的条件反射

实验百宝箱

2个装有金鱼和水的鱼缸　　1个蓝色小盘子
1个红色小盘子　　鱼食　　1根小木棍

趣味游戏步骤

❶ 用蓝色小盘子装鱼食，放进一个鱼缸里，让金鱼来吃。

❷ 用红色小盘子装鱼食，放进另一个鱼缸里，接着用小木棍驱赶金鱼，不让它吃食。

❸ 几次之后，观察金鱼对蓝色盘子和红色盘子的反应。

❹ 几次之后，金鱼只要一看到蓝色盘子，就会游过来；一看到红色盘子，就会浮躁不安，四下逃窜。

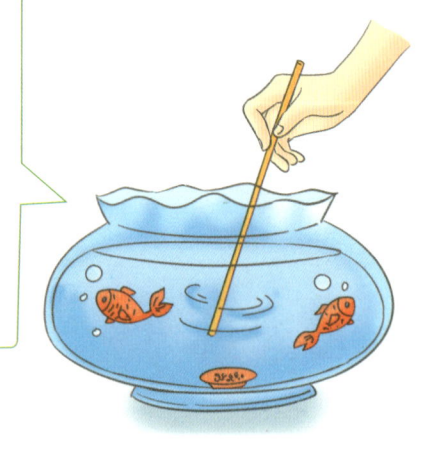

科学告诉你

鱼有辨别红色和蓝色的能力,多次用蓝色盘子喂鱼,会使鱼形成条件反射,一看到蓝色盘子就知道有食物吃,就会游过来;红色盘子使鱼害怕也是同样的道理。

科学在你身边

条件反射

简单来说,条件反射是指两样本来没有任何联系的东西,因长期一起出现,以后,当其中一样东西出现时,便无可避免地联想到另外一样东西,是有机体因信号的刺激而发生的反应。很多动物都会形成条件反射,比如狗听到召唤声后会跑过来。

二、奇趣的动物王国

· 45 ·

起死回生的苍蝇

实验百宝箱　1 只活的苍蝇　　1 张滤网　　1 张纸巾
　　　　　　　1 杯水　　　　　干盐粒

趣味游戏步骤

❶ 将苍蝇放进水里。

❷ 过一会儿,用滤网把它捞出来,放在纸巾上,发现苍蝇已经奄奄一息了。

❸ 在苍蝇身上撒一层干盐粒,观察一会儿,看苍蝇有什么变化。

❹ 过一会儿,苍蝇从盐堆里爬出来,飞走了。

科学告诉你

把苍蝇浸在水中，水就进入了苍蝇的气管，导致苍蝇无法呼吸，就会奄奄一息。而干盐粒能够吸收水分，把干盐粒撒在苍蝇身上，就能把苍蝇气管中的水吸出来。这样，苍蝇又可以呼吸了，就"活"了过来。

科学在你身边

干燥剂

其实生活中有很多利用物体吸水性原理的例子，干燥剂就是很典型的一个。它的干燥原理就是通过物理方式将水分子吸附在自身结构中，或通过化学方式吸收水分子，并改变其化学结构，变成另外一种物质，从而使周围的空气保持干燥。

喜欢"音乐"的蜘蛛

实验百宝箱
1根小木棍　　1个音叉
1只带有蜘蛛网的蜘蛛

趣味游戏步骤

❶ 一只手拿音叉,一只手拿木棍。
❷ 用小木棍撞击音叉。

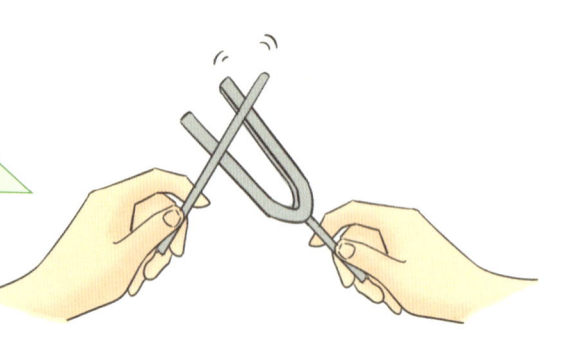

❸ 让"嗡嗡"作响的音叉接触蜘蛛网。
❹ 你会发现,蜘蛛向音叉爬来。

科学告诉你

蜘蛛是通过蜘蛛网来捕食的,一旦有昆虫落网,蜘蛛便通过网上传递的振动来判定有什么猎物。所以,当你拿着"嗡嗡"作响的音叉接触蜘蛛网时,蜘蛛感觉到了振动,以为有食物落网,所以会朝音叉爬来。

科学在你身边

蜘蛛

蜘蛛通过这种方式来捕食,看似很被动,其实效率还是挺高的。这是因为蜘蛛结的网可以反射紫外线,许多昆虫就会朝着蜘蛛网飞过来。此外,蜘蛛网还有很好的强度和韧性,不易破裂,这也提高了蜘蛛捕食的成功率。

蚱蜢的"鼻子"在哪里

实验百宝箱　　1只蚱蜢　　1个脸盆　　水

趣味游戏步骤

❶ 在盆里倒上半盆水，把蚱蜢的头浸入水里，几分钟后，蚱蜢和平时一样，没有任何反应。

❷ 将蚱蜢的尾部浸入水中，蚱蜢还是没有任何反应。

❸ 把蚱蜢的腹部也浸到水里，观察蚱蜢有何反应。

❹ 把蚱蜢从水里捞上来，观察蚱蜢有何反应。

❺ 把蚱蜢的头部和尾部浸到水里，蚱蜢没有反应；把蚱蜢的腹部浸到水里，蚱蜢出现呼吸不正常的反应；把它移出水面，它又恢复了正常。

科学告诉你

蚱蜢是靠"鼻子"呼吸的，蚱蜢的头部和尾部被浸到水里，蚱蜢的呼吸不受影响，说明蚱蜢的"鼻子"不在头部和尾部。当蚱蜢的腹部被浸到水里时，蚱蜢腿乱蹬，翅膀乱抖，说明"鼻子"被堵塞了，它的呼吸受到了影响，这证明蚱蜢的"鼻子"在腹部。

科学在你身边

用腹式呼吸的动物

世界上的动物多种多样，并不是所有动物的身体结构都是一样的。像蚱蜢这样，"鼻子"长在肚子上的动物还有蚂蚁、蝈蝈等。这种腹式呼吸的方式可以充分发挥肺叶细胞的作用，增大肺活量，它们这样的生理结构也是由自身生存需要决定的。

为什么鸟能在空中飞

实验百宝箱

1 把剪刀　　1 张白纸　　1 把尺子

趣味游戏步骤

① 用白纸剪一条 2.5 厘米宽的纸条。

② 将纸条的一端贴在嘴巴的下方。
③ 向着纸条的上方吹气。
④ 当你朝纸条吹气时,空气会在纸条上方快速运动,纸条会向上飘动。

科学告诉你

在气流经过的地方,气流运动越快,空气的压力会变小。向纸条吹气时,纸条下面的空气压力不变,但纸条上方的气流加快,空气压力变小,所以纸条下方的空气就会向纸条上方施加压力,使纸条向上飘动。鸟的翅膀形状可使其上方的空气快速流动,就会产生向上推起的力,鸟就能在空中飞起来。

科学在你身边

飞机

人们根据这种原理,发明了飞机。当飞机滑行时,机翼上侧产生的空气压力要小于下侧,这就使飞机产生了一个向上的托力。当飞机滑行到一定速度时,这个向上的托力就达到了足以使飞机飞起来的力量。于是,飞机就飞上了天。

三

"调皮"的植物

我们生活的世界有许多丰富多彩的植物,这些美丽的生命不仅给我们带来了美好的视觉享受,还与我们的生存有着密不可分的关系。如果告诉你植物也会"汗流浃背",牵牛花也有生物钟,还有小豆子也会像你们一样淘气,你会不会相信呢?先别下定论,让我们通过下面的小游戏来一一揭开这些奥秘吧。

逃脱地球引力

实验百宝箱　几粒干绿豆　　1个广口瓶
　　　　　　　　几张吸水纸　　1杯清水

趣味游戏步骤

❶ 按玻璃瓶瓶底的形状大小剪裁吸水纸，并用水浸透后铺在瓶内。

❷ 将绿豆种子放在玻璃瓶内的吸水纸上。保持瓶内湿润，让种子发芽。

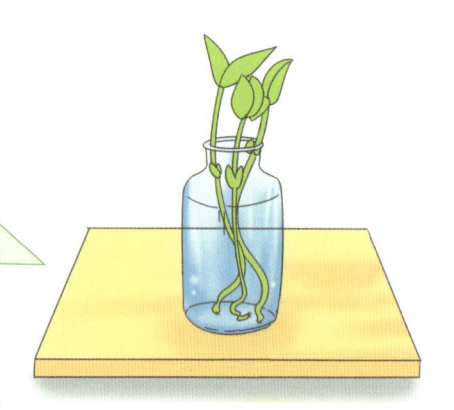

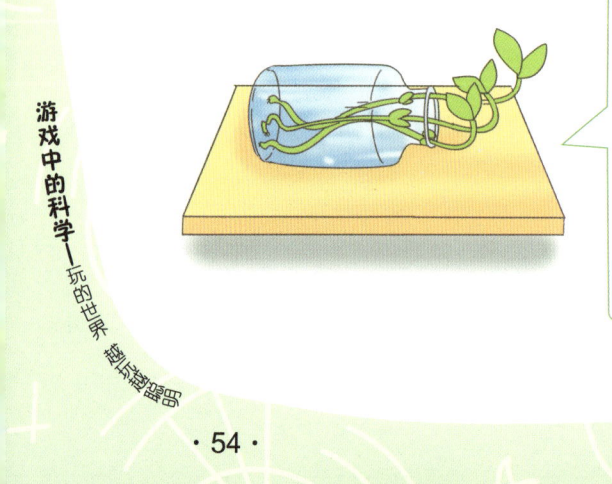

❸ 当种子发出的新芽长出几厘米高，刚刚伸出瓶1/3时，将玻璃瓶放倒。

❹ 过几天，观察幼芽的生长方向有何变化。

❺ 将瓶子放倒后，隔几天再观察，就会发现幼苗的茎已经改变了方向，向上方生长了。

科学告诉你

这是因为植物的茎叶不仅要朝着有阳光的方向生长，而且还会朝离开地球引力的方向生长。人们把这个有趣的生长现象叫做植物的"负向地性"。

科学在你身边

光合作用

光合作用，即光能合成作用，是植物、藻类和某些细菌，在可见光的照射下，经过光反应和暗反应，利用光合色素，将二氧化碳（或硫化氢）和水转化为有机物，并释放出氧气（或氢气）的生化过程。光合作用是一系列复杂的代谢反应的总和，是生物界赖以生存的基础，也是地球碳氧循环的重要媒介。

三、"调皮"的植物

能穿透鸡蛋壳的根

实验百宝箱　　太阳花种子　　1个玻璃杯　　泥土
　　　　　　　　水　　　　　　半个鸡蛋壳

趣味游戏步骤

❶ 把太阳花种子放在玻璃杯里，往玻璃杯里加入一些水，让种子浸泡一段时间。

❷ 往鸡蛋壳里加入一些泥土，把浸泡过的太阳花的种子种进去，并浇上一些水。

❸ 把杯子里的水倒出来，把蛋壳放进杯里，放在阳光充足的地方，并保持蛋壳内泥土的湿润。

❹ 几天后，把蛋壳从杯子中取出来，你会发现蛋壳下面长出了细细的根。

· 56 ·

科学告诉你

湿润的土壤、足够的空气和温度能够让太阳花的种子发芽并生出根来。因为植物的根具有向地性，因此根会始终朝着地面生长，并最终从薄薄的鸡蛋壳中穿出来。

科学在你身边

植物的根

根，是植物学名词，一般指植物在地下的部位。主要功能为固持植物体，吸收水分和溶于水中的矿物质，将水与矿物质输导到茎，以及储藏养分。许多植物的地下构造本质上为特化的茎（如：球茎、块茎），根与茎的不同处主要在于缺少叶痕与芽，具有根冠，分枝由内部组织产生而非由芽形成。

会"认路"的豆芽

实验百宝箱　1个硬纸箱　几粒黄豆或绿豆　1个带土的花盆
　　　　　　　1张硬纸片　水　1把剪刀

趣味游戏步骤

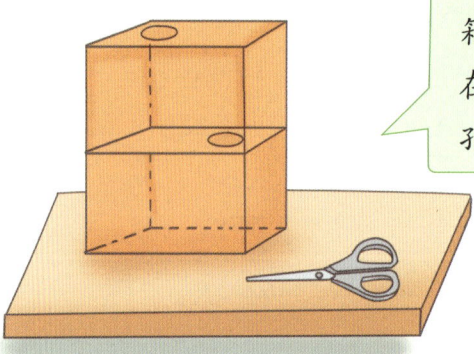

❶ 用剪刀在硬纸片上挖一个圆孔,并把硬纸片贴在纸箱里,使硬纸箱变成两层。在硬纸箱的顶部也挖一个圆孔,和硬纸片上的圆孔错开。

❷ 把黄豆或绿豆种在花盆里,浇上水。

❸ 用纸箱把花盆罩住,除了圆孔,纸箱不能漏光。

❹ 一段时间之后,打开纸箱,你会发现豆芽长得弯弯曲曲的,穿过了两个圆孔。

科学告诉你

我们的周围，很多植物的生长都有趋光性。也就是说，它们就像长了眼睛一样，沿着能够透出光亮的地方生长。纸箱上只有小孔能够透出光线，所以豆芽会朝着小孔生长，长得弯弯曲曲。

科学在你身边

向日葵

向日葵是菊科，属一年生草本植物。高 1—3.5 米。茎直立，圆形多棱角，质硬被白色粗硬毛。广卵形的叶片通常互生，先端锐突或渐尖，有的基部出 3 脉，边缘具粗锯齿，两面粗糙，被毛，有长柄。头状花序，直径 10—30 厘米，单生于茎顶或枝端。总苞片多层，叶质，覆瓦状排列，被长硬毛，夏季开花，花序边缘生中性的黄色舌状花，不结实。花序中部为两性管状花，棕色或紫色，能结实。矩卵形瘦果，果皮木质化，灰色或黑色，称葵花子。

自动浇花的瓶子

实验百宝箱

1 个空啤酒瓶　　1 个漏斗
1 盆花　　　　　清水

趣味游戏步骤

❶ 用漏斗把啤酒瓶灌满清水。

❷ 用手掌捂住瓶口,然后迅速将啤酒瓶子倒立。

❸ 把倒立的啤酒瓶瓶口部分快速插入花盆的土壤中。

❹ 啤酒瓶中有气泡出现,这样,瓶子中的水就可以浇灌植物好几天了。

科学告诉你

瓶中的水慢慢流入土壤中，相应的空气就会跑到瓶中，所以你会看到瓶中有气泡出现。当瓶口周围的土壤潮湿以后，就会形成密封状态，空气无法注入瓶中，瓶中的水就不再外流。天气暖和的时候，你可以观察到瓶中升起的气泡要比天冷的时候多，因为热天植物需要更多的水。

科学在你身边

养花

养花需要经常浇水，否则它就会干枯。然而，所有的绿色植物并不是只要有足够的水分就能生长。除了需要水之外，它们还需要阳光、空气和土壤等元素。

植物也会"出汗"

实验百宝箱　1 盆花　　　　　1 个装有水的喷壶
　　　　　　　1 个较大的塑料袋　1 卷胶带

趣味游戏步骤

❶ 用喷壶给花浇足够的水。

❷ 将大塑料袋套在花上,并用胶带将下面的开口封严。
❸ 将花盆放在有阳光的地方。
❹ 几小时后,你会发现植物"出汗"了,塑料袋的里面有很多小水珠。

科学告诉你

植物从土壤中吸收的水分，从根部沿导管向茎、叶输送，经叶片表面分布的大量微小气孔向空中释放，以水蒸气的形式散发到体外，这是植物的蒸腾作用。当花被塑料袋套上，散发的水蒸气遇到塑料袋时，由于塑料袋的温度较低，水蒸气便会凝结成小水珠。

科学在你身边

植物的蒸腾

植物的蒸腾作用，在一天内会随着时间段的不同而不同。从日出后到下午两点前后，蒸腾作用会随着光照的增强而逐渐增强。下午两点以后，光照会逐渐减弱，这时植物体内的水分需求也在逐渐减少，叶片表面的气孔也会逐渐关闭，直到日落后，蒸腾作用会降到最低。

植物的双色花

实验百宝箱

1 枝开白色花的花梗　　2 支玻璃管
红色墨水和蓝色墨水　　1 个玻璃杯　　清水

趣味游戏步骤

❶ 用清水稀释蓝色墨水和红色墨水，各灌入两支玻璃管中。
❷ 把两支玻璃管置入一个玻璃杯中。

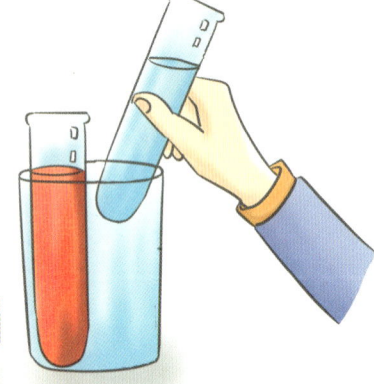

❸ 把一枝开白色花的花梗切开，分成两部分，并把这两部分花梗末梢分别放入两支玻璃管中。
❹ 白色花的花梗很快就会改变颜色，只要几个小时，花朵就会变成一半为红、一半为蓝的双色奇花了。

科学告诉你

有色液体顺着花梗平时从根部吸取水分和营养的维管束上升，颜色最后停留在花瓣上，而其中的液体则通过孔隙散发到外面。

科学在你身边

种植植物

在种植植物时，人们会给植物浇水、施肥，让肥料溶在水中，而水又会散入土壤中。植物通过吸收土壤中的水，溶于水中的养分就会随着水分的传输，输送到植物的各个部位，这样植物才会长得更好。

养分

地下水

三、"调皮"的植物

叶子的"鼻子"在哪

实验百宝箱　　1 株盆栽观叶植物　　1 瓶凡士林

趣味游戏步骤

❶ 在两片叶子的正面涂上厚厚的一层凡士林。

❷ 在另外两片叶子的背面涂上厚厚的一层凡士林。

❸ 每天观察一次。一周后，发现背面涂有凡士林的叶子会枯萎，而正面涂有凡士林的叶子则没有什么变化。

科学告诉你

叶子的背面有很多气孔，也就是叶子用来呼吸的"鼻子"。当叶子背面被涂上凡士林后，气孔被堵住，叶子不能吸收到二氧化碳进行光合作用，又排不出产生的氧气，这样叶子就会枯萎。而叶子的正面没有气孔，被涂上凡士林后，对叶子的生长没有影响。

科学在你身边

树叶子

冬天的时候，有的树叶子都掉光了。这时候树是怎样呼吸的呢？其实植物不光叶子上有"鼻子"，连根和茎上也有很多"小鼻子"。如果植物的叶子没有了，它们可以通过根和茎上的小气孔继续呼吸空气来维持生命。等到了春天，植物又可以长得非常茂盛了。

三、"调皮"的植物

提取叶绿素

实验百宝箱 　1 个玻璃杯　1 瓶纯度 95% 的酒精　1 片绿叶
　　　　　　　　燃气灶　　锅　　　　　　　　　　热水

趣味游戏步骤

① 把一片绿叶放入玻璃杯中,再加入酒精到淹没叶片为止。

② 在锅里加入热水,再将玻璃杯放到锅里。

③ 将锅放到燃气灶上,点火加热。

④ 过一会儿,会发现无色的酒精完全变成了绿色,绿叶也变成黄白色了。这样把绿叶中的"绿色"提取出来了。

科学告诉你

叶绿素能溶解在酒精中,将叶片放到沸腾的酒精中煮一下,叶绿素就会跑到酒精中,所以酒精变成了绿色。这样,叶子中的"绿色"就和叶子分开了。

科学在你身边

叶绿素

叶绿素对人体有着非常重要的作用。饮用叶绿素对产妇或因意外失血者有很大的帮助。而且叶绿素还有排毒养颜的功能,可以帮助人们除去体内的毒素,抑制皮肤感染,起到养颜美肤的作用。

牵牛花的生物钟

实验百宝箱　1个深色塑料袋　　1朵含苞待放的牵牛花
1根绳子

趣味游戏步骤

❶ 晚上，把一朵含苞待放的牵牛花用深色塑料袋套好，用绳子绑住袋口。

❷ 第二天早上，把深色塑料袋揭掉。
❸ 大约5分钟后，观察牵牛花的变化。
❹ 你会发现，牵牛花在揭掉深色塑料袋后几分钟就开放了。

科学告诉你

牵牛花通常在凌晨 4 点左右开放。光对某些植物的生物钟是有影响的，用不透光的深色塑料袋把牵牛花套住后，牵牛花体内的生物钟就会受到干扰，从而发生改变，因此会延迟到早晨揭开深色塑料袋后才开放。

科学在你身边

种植花卉

种植花卉的工人们就是充分利用了光对植物生物钟的影响来进行工作的。冬天，我们在花店或者在花卉展上会看到很多反季节开放的花朵，这是因为工人们对这些花朵进行了充分的人工光照，才使这些花儿在严冬也能盛开得绚丽多姿。

三、"调皮"的植物

没有种子也能发芽

实验百宝箱 1段胡萝卜头　1个大碗　一些沙土　水

趣味游戏步骤

❶ 在大碗里倒一些沙土，然后用水将沙土充分淋湿。

❷ 把切下来的胡萝卜头切口朝下插进沙土里。

❸ 将大碗放在阳光能照射到的地方，要保持沙土的潮湿状态。

❹ 一周后，胡萝卜头会冒出绿色的嫩茎和嫩叶，并开始生长。没有种子的胡萝卜发芽了。

科学告诉你

切下来的胡萝卜头中含有一部分的茎和根，含有胡萝卜生长所需的物质。胡萝卜的根里储藏了很多养分，只要有水，胡萝卜就会长出茎来，然后再萌发出叶子。

科学在你身边

菠萝

生活中，不需要种子就可以发芽的植物有很多。例如我们吃的菠萝也是如此，其具体做法如下：

1. 切除菠萝的顶冠，连带大约 2 厘米的果肉部分，放在一边晾干。

2. 在花盆底部铺一层鹅卵石以便排水。

3. 把等量的沙子和花盆堆肥（土壤）混在一起，制成轻质、透水性良好的混合土。

4. 用花盆土和沙子的混合物填满花盆，轻轻压平。

5. 把切好的菠萝顶冠放入合适的位置，用花盆堆肥（土壤）盖住肉质部分。

6. 浇好水，然后把整个花盆放入塑料袋中，扎紧袋口，以保持空气温暖而潮湿。最后将其置于一个温暖的窗台上。

口袋里长出大番茄

实验百宝箱　1把剪刀　1个种植袋　3株番茄苗
　　　　　　　2根竹竿　1个大塑料瓶

趣味游戏步骤

❶ 在袋底打上透水孔，沿袋上标记的虚线切一个方形开口。在每个方口中都挖一个洞，栽种一株番茄。

❷ 在每个方口中插入一根竹竿，并把植株牢牢绑在竹竿上，打顶并剪除侧枝。

❸ 把塑料瓶的底部剪掉，形成一个漏斗。将漏斗插在植株附近并灌满水。

❹ 经过打顶和剪除侧枝的番茄植株，能够很好地接受阳光，进行光合作用，很快长大，最后挂满了累累的果实。

科学告诉你

在栽培番茄的过程中，如果不打顶，虽然可以让番茄植株长高，但是却会将营养物质都运输到顶部，供应顶芽的生长，从而削弱了果实的营养积累；同时也需要剪除侧枝，以防止植株生长过密、不透风。

科学在你身边

盆栽

盆栽是指栽在盆里的有生命的植物的总称；盆栽必须是活体植物，不同于盆花（可以是仿真花）。盆栽系由中国传统的园林艺术变化而来。至于对观赏植物的栽培，起源于古代园林造景，以摹仿自然山水景色营造园林。现在随着人们生活水平的提高，盆栽已开始进入普通百姓家。

三、"调皮"的植物

"积极向上"的植物

实验百宝箱 2块玻璃板　1张吸水性好的纸　2根橡皮筋
1个盛水容器　若干已萌芽的萝卜或豆类的种子

趣味游戏步骤

❶ 拿几粒已经萌芽的萝卜或豆类的种子，放在两块玻璃板中间的吸水纸上，用橡皮筋把两块玻璃板固定住。

❷ 把玻璃板放到盛水容器中，然后一起放在窗户旁边。
❸ 每两天把夹有萌芽的玻璃板调换一个角度。
❹ 你会发现，萝卜或豆类的种子的根永远往下扎，而茎却永远往上长。

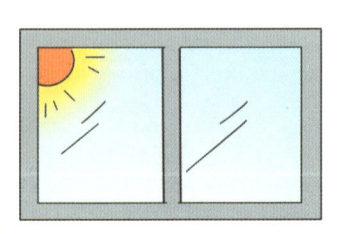

科学告诉你

植物体内含有植物生长素，会使植物的细胞变长。由于重力作用的影响，植物生长素会向下聚集在茎的底部，植物生长素浓度增高，促进茎细胞伸长，从而使茎向上生长，根部则永远朝地心方向发展。

科学在你身边

植物的茎

由于植物的茎总是向上生长，植物的根永远向着地心这一特性，使人们在播种时就可以不用考虑种子的姿态，不用将种子一粒一粒地正向播到土里。人们只需要将种子随意播到土里，植物的茎就会向上长出来，根就会深深地扎进向着地心方向的土里。

奇妙的植物

实验百宝箱 　2 个比较大的瓶子　　2 只蚱蜢
　　　　　　　　长有植物的泥土　　　泥土

趣味游戏步骤

① 将长有植物的泥土放进一个瓶子中，而把另一块泥土放进另一个瓶子中。

② 把 2 只蚱蜢分别放进两个瓶子中，然后将瓶子的盖子拧紧。

③ 将 2 个瓶子放到有阳光照射的地方，过一段时间我们会发现，没有植物的瓶子中的蚱蜢死去了，而另一个有植物的瓶子中，蚱蜢活的时间会长一点儿。

科学告诉你

蚱蜢的生存和我们人类一样，需要呼吸，即蚱蜢也是吸入氧气，呼出二氧化碳，然而植物进行的呼吸运动是吸入二氧化碳而呼出氧气，所以在有植物的瓶子中，蚱蜢吸入了植物释放的氧气，能够活的时间长一点儿，而没有放植物的瓶子中，当蚱蜢消耗完瓶中的氧气后，就会死去。

科学在你身边

仙人掌

仙人掌，是仙人掌属的一种植物。别名仙巴掌、观音掌、霸王、火掌等，为仙人掌科植物。仙人掌为丛生肉质灌木，上部分枝宽倒卵形、倒卵状椭圆形或近圆形；花辐状，花托倒卵形；种子多数扁圆形，边缘稍不规则，无毛，淡黄褐色。仙人掌喜强烈光照，耐炎热、干旱、瘠薄，生命力顽强，生长适温为20℃—30℃。为此，家庭栽培仙人掌应选择放在有阳光的窗台上，并选微碱幽巴沃砂质土为宜。

神奇的叶子

实验百宝箱

1个透明的玻璃杯　　1根玻璃管
1个漏斗　　水　　一些海藻嫩芽

趣味游戏步骤

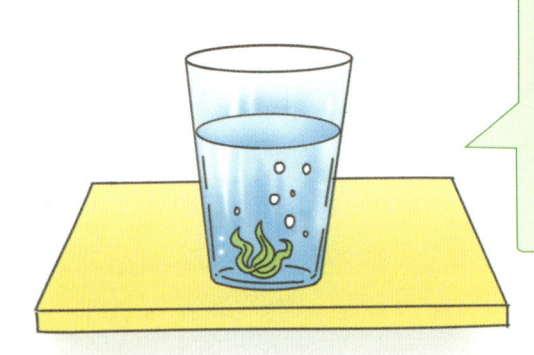

❶ 向玻璃杯中倒满水，然后将准备好的海藻嫩芽放入其中。

❷ 此时我们会看到海藻中有大量的气泡冒出来。

❸ 在玻璃杯上放上准备好的漏斗，然后在漏斗上面插上玻璃管，此时我们会看到气泡正在慢慢进入玻璃管中。

科学告诉你

当植物被放到阳光下的时候，在阳光的作用下，水和二氧化碳会生成植物生长所需要的养料，还会让植物释放出氧气。在实验中，我们看到的水中的气泡就是植物所释放的氧气，当我们把玻璃管插入水中后，由于空气的作用力，水中的氧气被慢慢吸入玻璃管中后，水中的氧气含量也会慢慢变少。

科学在你身边

烈日

夏天烈日下，植物气孔关闭，蒸腾作用减弱，那叶子是如何降温的呢？植物体内水分很多，而水的比热容较大，因此即使在一段时间的高温条件下，植物也不会因此而有过大的不良反应。但由于气孔关闭，蒸腾作用受抑制，植物很难吸收水分，而植物体内水分会从皮层缝隙蒸发，但不能带走很多热量，因此植物体温度会暂时升高。不过夏季烈日条件时间不会太长，因此植物不会有多少危险。

三、"调皮"的植物

绿色的奥秘

实验百宝箱

1个玻璃杯　清水　1张滤纸片　1支绿色彩笔　1个夹子

趣味游戏步骤

① 在玻璃杯中加入2.5厘米高的清水。

② 将滤纸片竖起来，在距离下端5厘米处，使用绿色彩笔点上一个小点。

③ 把滤纸片贴着玻璃杯壁放入水中，注意使绿点恰好位于水面上方，而滤纸的下端全部没入水中，然后用夹子将滤纸夹在玻璃杯壁上。

④ 静静地观察15分钟左右。

⑤ 滤纸上的绿点消失了，取而代之的是滤纸上方显出了蓝色段和黄色段。

科学告诉你

把滤纸没入水中之后，水分子会沿着纸条向上运动，同时带动绿点中的色素运动。由于不同的色素之间存在速度差，因此绿点上的两种色素就被分离开来，其中蓝色在下面，黄色在上面。

科学在你身边

能食用的色素

食用色素，是色素的一种，即能被人适量食用的可使食物在一定程度上改变原有颜色的食品添加剂。食用色素也同食用香精一样，分为天然和人工合成两种。

四

人体的奥秘

　　我们的身体是世界上最奇妙的东西，没有任何一台电脑可以和我们的大脑相媲美，也没有任何一种机器可以完全模仿我们的躯体活动。更重要的是，我们都是独一无二的。那么我们的身体到底有哪些奇特之处？通过下面这些小游戏，我们就会对人体有更多的了解了。

看不见的盲点

实验百宝箱　1张白纸　　1把直尺　　1支铅笔

趣味游戏步骤

① 在纸上画两个齐平的黑点，两点相距10厘米。

② 将白纸放在面前，用右手挡住右眼，让左眼对准右边的黑点。
③ 左手把纸向左移动，移到距离眼睛26—30厘米处，用你眼睛的余光观察左边的点，看看会出现什么现象。
④ 再换成右眼，按上述步骤操作，观察现象。
⑤ 当白纸移到距离眼睛26—30厘米处时，原来左眼能看到的左边的黑点突然消失了。换成右眼，结果也一样。

科学告诉你

在人的眼球后部，有一个无视觉细胞区域，这是一个不能感受光的视觉区域，这个部位被称为"盲点"。外界物体投影在"盲点"上，影像都会从人的眼前"消失"。

科学在你身边

盲点

当我们用眼睛看东西时，同一点反射的光线到达左右两眼的视网膜上的位置不一样，即使一条光线正好在盲点上，另一条光线也不会在另一只眼睛的盲点，因此我们看见的都是完整的图像。

四、人体的奥秘

哪个圆圈更大

实验百宝箱　　2张纸　　1个圆规

趣味游戏步骤

❶ 先用圆规在两张纸上分别画出同样大小的两个圆。

❷ 分别在两个圆的周围紧挨着圆画一圈圆，如图所示。其中一张纸上周围的圆要比中间的圆小些，另一张纸上周围的圆要比中间的圆大一些。

❸ 观察画出的两个图中间的圆圈。

❹ 通过观察，我们会觉得右边图中间的圆圈比左边图中间的圆圈小。

科学告诉你

这是我们的一个视觉误差，其实两个圆圈是一样大的。在我们的意识里，我们不仅去比较两个图中间的圆圈，而且还在比较它们周围的圆圈。因而得到的印象，似乎右边图中间的圆圈较小。

科学在你身边

视错觉

视错觉就是当人观察物体时，基于经验主义或不当的参照形成的错误的判断和感知。我们也可以充分地利用好视错觉。例如，一些建筑的天花板往往并不是平的，在弯曲度不是很大的情况下，可以通过处理四条边附近的平直角，造成视觉上的整体平整感。

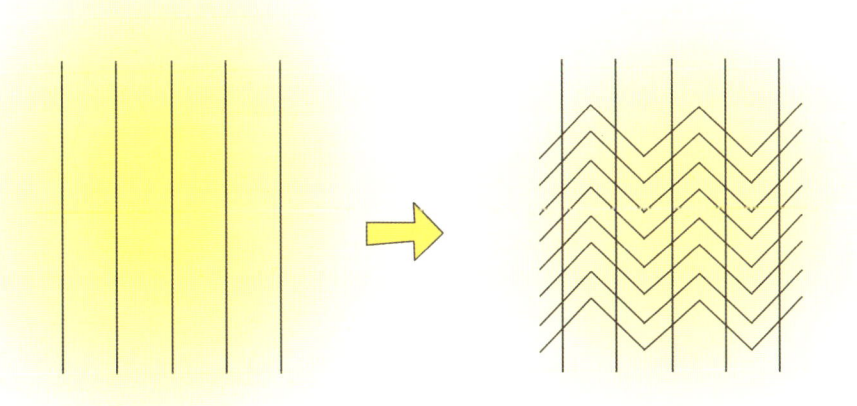

四、人体的奥秘

会发出不同的声调

实验百宝箱
1 根长橡皮筋　　　1 根短橡皮筋
1 块长 18 厘米的木板　1 把铁锤　2 颗铁钉

趣味游戏步骤

❶ 在木板两头分别钉上 1 颗铁钉，铁钉之间的距离为 15 厘米。

❷ 将短的橡皮筋套在 2 颗铁钉上，用手拨动橡皮筋。

❸ 换上长的橡皮筋套在 2 颗铁钉上，再用手拨动橡皮筋。

❹ 你会发现，拨动短的橡皮筋时，比拨动长的橡皮筋时所发出的声音要高些。

科学告诉你

拉紧的橡皮筋振动快，发出的声调更高。这个实验中的橡皮筋就像人喉咙中的"声带"。当由肺部呼出的气流冲向靠拢的声带引起振动的时候，就会发出声音。当声带松弛时，声带的振动很慢，发出的声音比较低沉；当声带拉紧时，发出的声音就比较高亢。

科学在你身边

声带

声带如同橡皮筋，用力过大就会损坏它。这就要求我们要科学地去发音，建立起正确的呼吸方法和发音方法，这样才能避免声带发生病变。为了保护好声带，我们还可以加强体育锻炼，增强体质，提高对上呼吸道感染的抵抗能力；少吃刺激性食物，避免用嗓过度，禁烟酒；加强劳动保护，对生产过程中的有害气体和粉尘需妥善处理等。

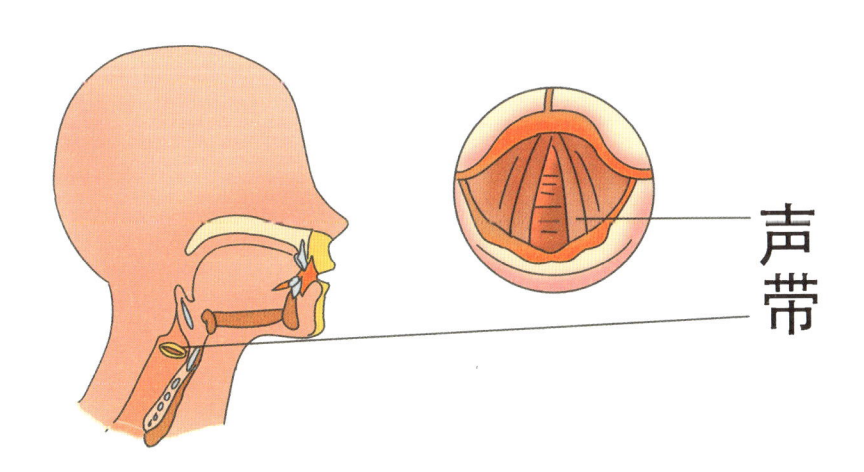

声带

四、人体的奥秘

人为何能听到声音

实验百宝箱 1把金属叉子　1根1米长的线　1张桌子

趣味游戏步骤

❶ 将金属叉子绑在线的中央。

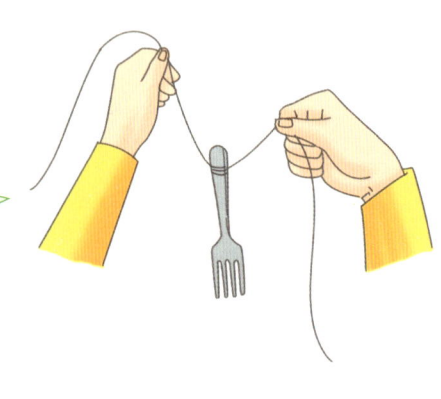

❷ 将线的两端分别缠在双手的食指上,两边的线一定要一样长。

❸ 将双手的食指前端塞进耳朵里。

❹ 让叉子自由垂下,使叉子的一端敲打到桌子的边缘。

❺ 叉子敲打桌子边缘的时候,就会听到"当、当、当"的声音。

科学告诉你

当叉子碰到桌子时，叉子会振动。振动的物体会产生声音，又会引起空气的振动，然后再传到耳朵。这时，耳朵的鼓膜也产生振动，最后振动传达到神经，神经向大脑发出讯号，这样，我们就能听到声音了。

科学在你身边

音叉

音叉是一种测试听力的器材，形状类似大写的英文字母"Y"，是一种钢质或铝合金质的金属发声器。不同的音叉因其叉臂长短和粗细不同，其在振动时的发声频率也不同。音叉可以用来分辨耳聋的性质，在分辨传导性耳聋和感音神经性耳聋方面是一种简单可靠的方法。

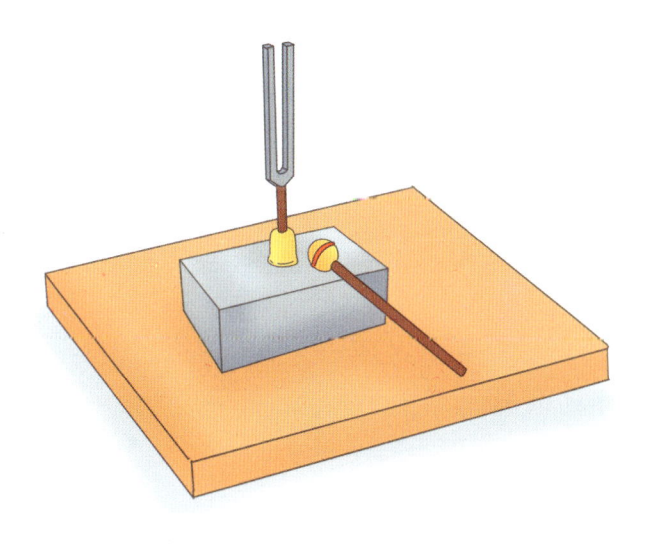

四、人体的奥秘

快速旋转身体

实验百宝箱 你自己（最好再找一个朋友保护你完成游戏）

趣味游戏步骤

① 站在户外开阔的地方。
② 朝一个方向快速旋转6圈。

③ 然后立即坐在地上（最好让朋友保护你完成这一项）。
④ 停止旋转以后，在短时间里，你会感觉到自己还在旋转，有一种头晕的感觉。

科学告诉你

人的耳道里有一种液体可以感知平衡。当你的身体旋转时，耳道里的液体也会开始运动。

当身体停止旋转以后，耳道里的液体仍会继续旋转一会儿，这时大脑会误以为人体还在旋转。

科学在你身边

头晕

生活中头晕的现象很多。如坐轮船时，轮船在海浪中起伏、冲击，船头船尾出现前后的纵摇，船体上下的垂荡和左右的摇摆，人的耳道里的液体也会跟着做这些不规则运动，传到人脑后，就会感到头晕。

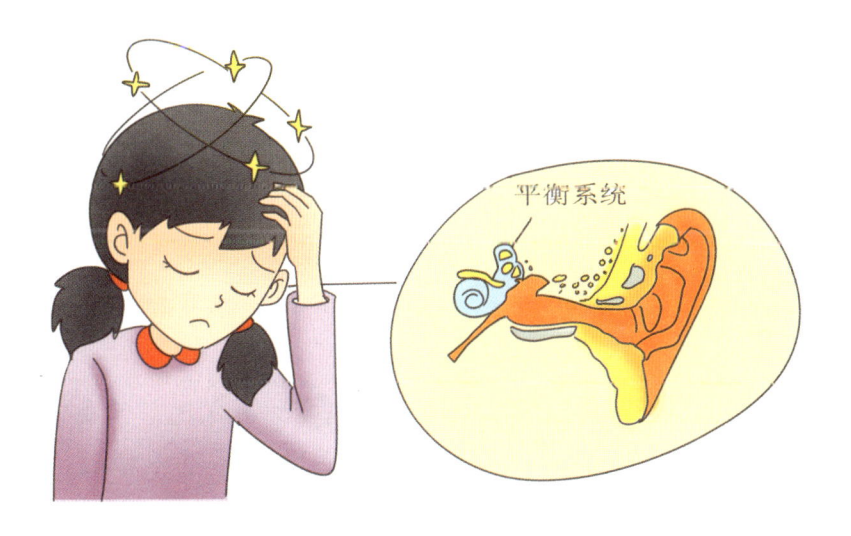

平衡系统

四、人体的奥秘

分不开的无名指

实验百宝箱
4 枚硬币

趣味游戏步骤

① 将你的双手合十，手指张开，在中指以外的其他 4 根手指之间各夹一枚硬币。

② 夹紧手指，以防硬币掉落，然后向内侧弯曲两手的中指，使两根中指的第二个关节并拢。

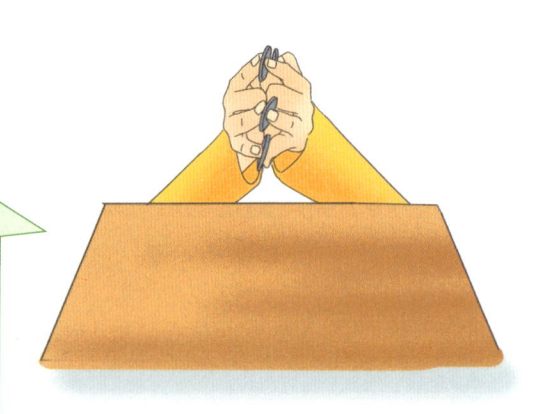

③ 依次松开大拇指、小指、食指和无名指所夹硬币的手指。

④ 你会发现，只要中指的第二个关节不松动，你就无法放松两根无名指，像是被粘住了一样，动不了。

科学告诉你

人体中连接骨骼的是韧带和肌肉，我们称之为"连接组织"。无名指和中指之间的连接组织作用特别强，当中指向下弯曲并被固定时，无名指就无法动弹。

科学在你身边

韧带和肌肉

韧带和肌肉在人体中起着重要的作用。韧带的作用是限制关节的运动范围，而肌肉起到施力和受力的作用。人之所以能够直立行走，就是因为有了韧带和肌肉的作用，脊椎骨可以自由活动，人也就可以自由站立了。

四、人体的奥秘

测肺活量

实验百宝箱

1 个碗　　　　　1 根可弯折的吸管
1 个空矿泉水瓶　水

趣味游戏步骤

❶ 在矿泉水瓶里灌满水，拧紧瓶盖。在碗里倒半碗水。

❷ 将矿泉水瓶倒过来，放进碗里。把手伸进水里，小心拧开瓶盖。

❸ 将弯折的吸管短的一端伸到矿泉水瓶口中，深吸一口气，从吸管长的一端向矿泉水瓶里吹气。（⚠ 注意：吹气过程中不要吸气）

❹ 你会发现，矿泉水瓶里的水向碗中排出一些，瓶子顶部的空气增多了。

科学告诉你

当我们向瓶中吹气时，呼出的气体会排开瓶中的水，从而占据瓶中的位置。瓶中顶部增加的气体体积，就是你呼出的气体体积，也就是你的肺活量。每次测量肺活量时，呼出的气体不可能完全一样，所以瓶中气体体积的大小也会不一样。

科学在你身边

肺活量

了解了自己的肺活量，便能知道自己呼吸机能的好坏，从而掌握自己的健康状况，我们就可以在平时注意采取一些简便易行的方法来增加肺活量。例如，坚持参加适当的体育运动，坚持每天做扩胸运动等。

用一只眼来定位

实验百宝箱 1张白纸　　1支铅笔　　1张桌子

趣味游戏步骤

① 用铅笔在白纸上画一个小黑点，放在桌子上。

② 用铅笔去碰这个小黑点，很容易就碰到了。

③ 用左手捂住自己的左眼，用右手拿着铅笔去碰白纸上的小黑点。

④ 你会发现，没捂住眼睛时，很容易能碰到；捂住左眼之后，就很难再碰到小黑点了。

科学告诉你

用一只眼睛，很难估测通向那个点的距离。只有用两只眼睛才能看到立体的图像，才能确定空间的深度。每只眼睛都会从不同的角度单独确定这个点的位置，根据角度的大小，大脑可以很准确地确定这个点的位置。

科学在你身边

目测法

人们根据眼睛确定物体空间位置的特性，创造了目测法。目测法就是用眼睛估测距离、高度和角度的方法，是一种军事上的测距方法。根据个人视力、目标清晰程度来判定物体的距离，如水壶细小部分可见，说明目标在150—170米内。而奥运会上的射击运动员在瞄准时只用一只眼睛，因为子弹的运动路径几乎为直线，不需要空间定位，运动员闭着一只眼睛正是为了测出方向。

你相信自己的眼睛吗

实验百宝箱　　1 张 16 开白纸　　1 个圆规

趣味游戏步骤

❶ 在 16 开白纸上，用圆规画 10 个同心圆（同一圆心的圆）。

❷ 用双手捧着这张纸。

❸ 盯着中央的圆点，快速地晃动这张纸。

❹ 当我们快速地晃动纸时，会看到纸上的圆像车轮一般旋转。

科学告诉你

映在眼睛中的图像是不会马上消失的，我们称之为"视觉暂留原理"。当图像的位置移动时，脑海中还是会残留一些以前看到的影像。残留的影像和现在看到的影像会重叠在一起，使人觉得整幅画好像在动一样。

科学在你身边

视觉

视觉暂留现象首先被中国人发现，走马灯便是历史记载中最早的视觉暂留运用。古时走马灯称为"马骑灯"。随后法国人保罗·罗盖特在1828年发明了留影盘，它是一个被绳子穿过两面的圆盘。盘的一面上画了一只鸟，另一面上画了一个空笼子。当圆盘旋转时，鸟在笼子里出现了。这证明当眼睛看到一系列图像时，它一次保留一个图像。后来，人们又结合其他原理发明了电影。

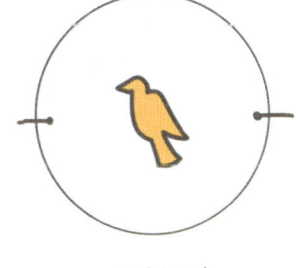

正面　　　　　　　　反面

四、人体的奥秘

收缩的瞳孔

实验百宝箱 1面镜子

趣味游戏步骤

① 在明亮的屋子里,紧闭一只眼,睁开另一只眼站3分钟。
② 用睁开的那只眼睛看镜子里你的瞳孔的大小。

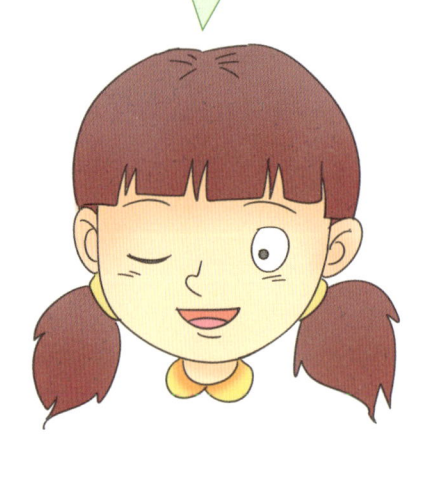

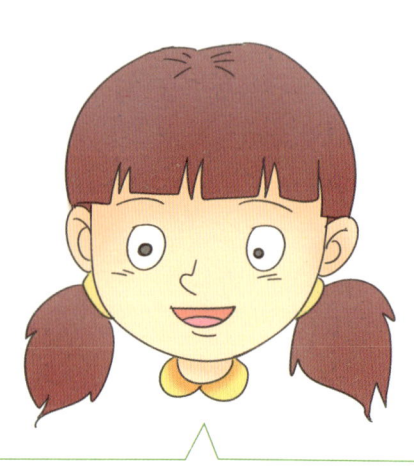

③ 睁开原先闭着的那只眼睛,立刻在镜子里观察那只眼睛的瞳孔大小。
④ 比较两只眼睛瞳孔的大小,发现原先闭着的那只眼睛的瞳孔比一直睁着的那只眼睛的瞳孔大。过上几秒钟后,它又会变小。

科学告诉你

瞳孔的放大、缩小主要是由光线的强弱引起的。长时间处于光线强的状态下，瞳孔就会缩小；在光线弱的情况下，瞳孔就会放大。通过瞳孔的大小调节，保持适量的光线进入眼睛，既让我们看到的物体形状清晰，又不会灼伤视网膜。

科学在你身边

瞳孔

瞳孔就像照相机里的光圈一样，可以随光线的强弱而缩小或变大。我们在照相的时候都知道，光线强烈的时候，把光圈开小一点，光线暗时则把光圈开大一点，始终让足够的光线通过光圈进入相机，并使底片曝光，又不致因光线过强而损坏底片。

四、人体的奥秘

不受控制的小腿

实验百宝箱　1 把橡皮锤　　1 把椅子

趣味游戏步骤

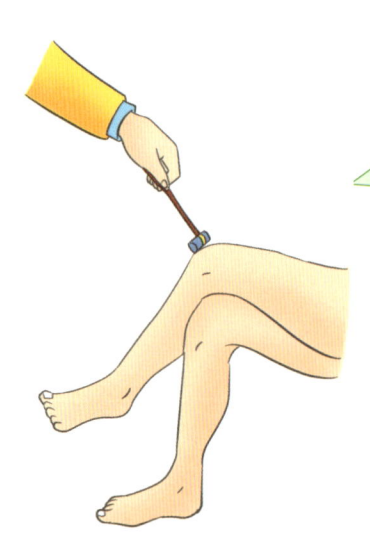

❶ 坐在椅子上，把一条腿自然地搭在另一条腿上。（⚠ 注意：不要用力，要放松）

❷ 让你的朋友拿着橡皮锤在你上面那条腿膝盖下方的韧带上轻轻地敲几下。（⚠ 注意：要轻轻地敲）

❸ 你的朋友每敲一下，你上面那条腿的小腿就会不由自主地向上弹起一下，不受你的控制。

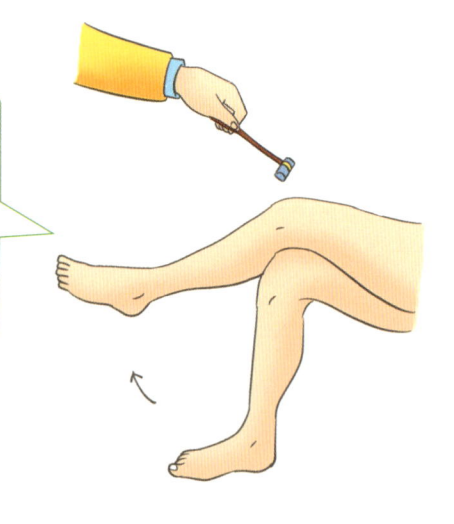

科学告诉你

这种小腿不受控制地向上弹起的现象，我们把它叫做膝跳反射。这种反射主要是受脊椎里的神经中枢控制的。用橡皮锤敲击膝盖下方的韧带时，神经会把膝盖内感器所产生的神经冲动传送到脊椎里的神经中枢，神经中枢再通过神经冲动传到腿上，从而引起大腿上的肌肉收缩，出现膝跳反射。这种传输根本不经过大脑，所以你根本控制不了小腿。

科学在你身边

膝跳反射

这种现象，在医学临床上常用来检查中枢神经系统疾患。例如：小儿麻痹症患者膝跳反射消失；脑溢血恢复期患者膝跳反射超出正常情况，反应就会异常。

树

实验百宝箱

1个放大镜　　1张白纸　　1把尺子

趣味游戏步骤

① 关掉房间里的灯，使房间里较暗。
② 在离窗户5米远的地方将放大镜举高。将白纸放在放大镜的后面。
③ 前后调节整张纸的位置，直到窗户和窗户外的树的影像能清晰地显示在纸上。
④ 你会发现，纸上出现的影像比窗外的树要小，而且窗户和树的影像是倒立着的。

科学告诉你

放大镜是一种凸透镜，就如同眼睛中的水晶体，光通过放大镜时会改变方向。

当光线映在纸上时，纸上就会出现变小倒立的影像。我们看物体时，物体先在水晶体上呈现变小倒立的影像，再通过视觉神经传到大脑，经大脑的视觉中枢处理后，我们就看到正立的物体了。

科学在你身边

仿生眼

根据眼睛成像原理，英国眼科医院研制出一项"仿生眼"移植手术。经过手术的盲人患者，大致可以看清物体的轮廓，分辨物体移动的方向，并能感知光线强弱。

"仿生眼"技术的诞生，让许多盲人有了重见光明的机会。